westermann

D1985673

TEAM LUPE ERMITTELT

Das Pizza-Rätsel

2

Erarbeitet von
Sabine Willmeroth, Königswinter

Sprache untersuchen
FÖRDERN

INHALT

Kapitel geschafft? Dann hake es in diesen Feldern ab.

Unser Fall: Das Pizza-Rätsel

Lulu, Umut, Paul und Elsa freuen sich auf die Koch-AG.
Das Motto ist Italien, und Paul hat das Pizza-Rezept seiner Oma dabei.
Frau Fuchs bedankt sich: „Toll, dass du daran gedacht hast, Paul!“
Ben hilft in der Küche mit. Er ist schon 15 Jahre alt
und will später einmal Lehrer werden.
Tristan fragt aufgeregt: „Machen wir auch noch Risotto?
Ich liebe Risotto!“
„Das ist leider zu schwierig“, sagt Frau Fuchs.
Dann dürfen die Kinder im Schulgarten Tomaten für die Pizza ernten.
Tristan ist beleidigt und will nicht mit.
Als die anderen Kinder mit den Tomaten zurück sind,
ruft Paul erschrocken: „Mein Rezept ist weg!“
Die Detektive werden unruhig.
Verschwörerisch flüstert Elsa: „Super!
Ein neuer Fall für TEAM LUPE!“

„Ein neuer Fall für TEAM LUPE!“
Finde die Hinweise und löse mit den Detektiven
das Rätsel um das verschwundene Pizza-Rezept.

Mit Sprache spielen

1 Schreibe.

Tipp: Die Namen der Kinder!

E L S ___

U ___ ___ ___

___ ___ ___ ___

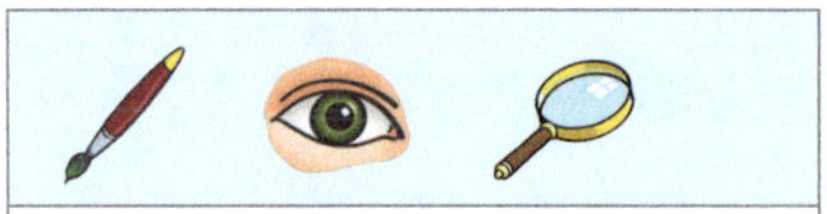

___ AU ___

2 Was hat Paul geschrieben? Verbinde.

UNS

WIR

HEUTE.

TREFFEN

› mit Sprache spielerisch umgehen
› Laute erkennen und Buchstaben zuordnen
› (An-)Lautbilder erkennen und nutzen

Mit Sprache spielen

1 Kreise die Reimwörter ein.
Streiche durch, was sich nicht reimt.

Reiter 
Leiter 
~~Beutel~~ 

Haus 
Stein 
Maus 

Tanne 
Sofa 
Kanne 

Topf 
Kopf 
Ball 

2 Verbinde die Reimwörter.

Schuh 
Tasche 
Wiese 
Flasche 
Riese 
Kuh 

Berg 
Bank 
Tüte 
Blüte 
Zwerg 
Schrank 

› mit Sprache spielerisch umgehen
› Reimwörter erkennen

Vokale in Silben untersuchen

Das sind Silbenkerne.
In jeder Silbe
steckt ein Silbenkern.

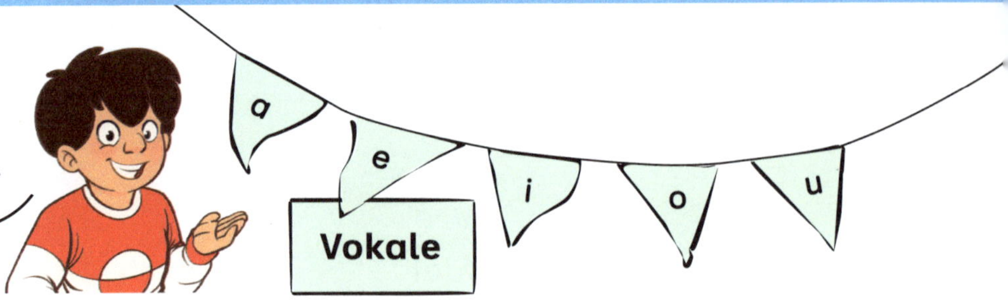

1 Markiere in jeder Silbe den Silbenkern.

Pinsel Salat Foto Lupe Blume

Sofa Feder Regal Besen Monat

2 Schwinge die Wörter.
Füge die Silbenkerne in die Silbenbögen ein.
Schreibe die Wörter.

u e

Tube

› Silbenkerne in Silben erkennen
› Wörter strukturieren und Silbenkerne erkennen
› grundlegende sprachliche Begriffe: Vokale, Silbenkerne, Silben

Umlaute und Zwielaute in Silben untersuchen

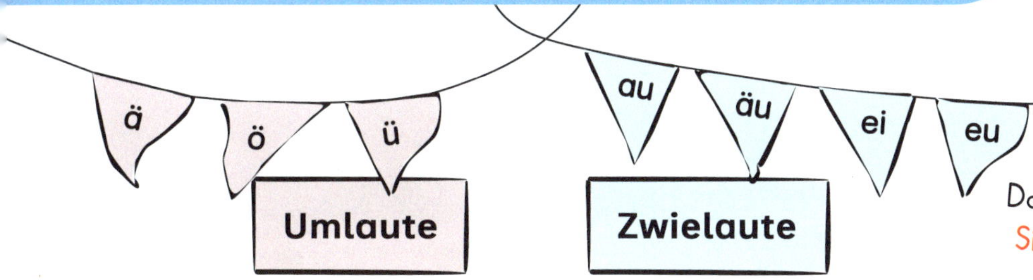

Das sind auch Silbenkerne.

1 Markiere die Silbenkerne in der ersten Silbe.

Tüte Käse Möwe Hüte Träne Löwe

2 Zeichne Silbenbögen. Setze die Umlaute **ä**, **ö** oder **ü** ein.

T__rme

K__fer

K__nig

3 Markiere die Silbenkerne in der ersten Silbe.

Mäuse Leiter Leute Pause Bäume

4 Zeichne Silbenbögen. Setze die Zwielaute **au**, **ei** oder **eu** ein.

B___le

B___ne

M___er

ACHTUNG ACHTUNG ACHTUNG

Das haben wir herausgefunden!

Wörter bestehen aus **Silben**.
In jeder Silbe steckt ein **Silbenkern**.
Silbenkerne sind Vokale, Umlaute und Zwielaute.

› Silbenkerne in Silben erkennen
› Wörter strukturieren und Silbenkerne erkennen
› grundlegende sprachliche Begriffe: Silbe, Vokal, Umlaut, Zwielaut

Lange und kurze Vokale kennen

1 Zeichne Silbenbögen.
Kennzeichne den langen Vokal (–) in der ersten Silbe.

Besen Feder Regen Kegel Nebel

Kugel Bruder Nudel Schule Ruder

2 Zeichne Silbenbögen.
Kennzeichne den kurzen Vokal (•) in der ersten Silbe.

Tonne Sommer Stoffe Koffer Wolke

Lasso Klasse Kasten Wasser Mantel

› Unterschiede von gesprochener und geschriebener Sprache kennen
› ähnlich klingende Laute (langer und kurzer Vokal) unterscheiden

Lange und kurze Vokale kennen

3 Ist der Vokal lang (–) oder kurz (•)? Verbinde.

 Ameise (–) / Affe (•)	Schale / Katze — (–) / (•)	Klasse / Vater — (–) / (•)
 Esel (–) / Ente (•)	Schere / Keller — (–) / (•)	Felsen / Nebel — (–) / (•)
 Ziege (–) / Kind (•)	Tische / Wiese — (–) / (•)	Fliege / Pinsel — (–) / (•)
 Oma (–) / Ordner (•)	Locke / Tore — (–) / (•)	Brote / Rolle — (–) / (•)
 Ufo (–) / Unterhemd (•)	Blume / Mutter — (–) / (•)	Suppe / Pudel — (–) / (•)

ACHTUNG ACHTUNG ACHTUNG

Das haben wir herausgefunden!

Ich schreibe den gleichen Buchstaben, auch wenn der Vokal **verschieden** klingt: Hase, Kasten, Bagger

› Unterschiede von gesprochener und geschriebener Sprache kennen
› ähnlich klingende Laute (langer und kurzer Vokal) unterscheiden

Das Abc kennen und üben

1 Schreibe die Buchstaben des Abc.

2 Male die Vokale **A, E, I, O, U** rot an.
Male die Konsonanten blau an.

ACHTUNG ACHTUNG ACHTUNG

Das haben wir herausgefunden!

Buchstaben sind oft nach dem **Abc** (Alphabet) geordnet.
Die **Vokale** sind **a**, **e**, **i**, **o**, **u**.
Die anderen Buchstaben heißen **Konsonanten**.

ACHTUNG ACHTUNG ACHTUNG

3 Welcher Buchstabe im Abc fehlt? Schreibe.

S T U | O __ Q | G H __ | R S __ | X Y __ | D __ F

4 Die fehlenden Buchstaben ergeben ein Lösungswort.

Du bist S______________ .

› Alphabet als Ordnungssystem kennen
› grundlegende sprachliche Begriffe: Abc, Alphabet, Vokal, Konsonant

Wörter nach dem Abc ordnen

1 Markiere die großen Anfangsbuchstaben.
Kreise sie im Abc ein.

A (B) C D E F G H I J K L M N O P Q R S T U V W X Y Z

2 Schreibe die Wörter nach dem Abc geordnet auf.

1. B ____ 2. F ____
3. ____ 4. ____

3 Markiere die großen Anfangsbuchstaben.
Schreibe die Wörter nach dem Abc geordnet auf.

Lama Affe
Tiger Katze

1. A ____ 2. ____
3. ____ 4. ____

4 Markiere die großen Anfangsbuchstaben.
Nummeriere die Wörter in der Reihenfolge des Abc.

☐ Hals [1] Geld ☐ Ring ☐ Stein

› Alphabet als Ordnungssystem nutzen
› Wörter ordnen

Detektivwissen überprüfen

1 Zeichne Silbenbögen.
Markiere alle Silbenkerne.

Leute	Bilder	Regenbogen
Kaktus	Reis	Haufen

2 Male an: 5 Vokale blau, alle Konsonanten grün.

D	A	F	J	O	K	T	U	L	M	C	R	Z
N	P	E	Q	B	S	V	H	I	W	X	Y	G

3 Ist der Vokal in der ersten Silbe lang (–) oder kurz (•)? Kennzeichne.

Maler Koffer Biene Kasten Licht Butter

4 Schreibe das Abc.

ABCD

› Silben, Silbenkerne, Umlaute, Zwielaute, Vokale und Konsonanten kennen
› das Alphabet kennen
› den eigenen Lernstand einschätzen

Spurensicherung: Der 1. Hinweis!

Die LUPE-Kinder sehen sich überall in der Küche um.
Das gibt es doch nicht! Das Pizza-Rezept ist spurlos verschwunden. Umut fragt Paul: „Kannst du dich an die Zutaten erinnern? Und wie viel man davon braucht?“
„Oje!“, seufzt Paul. „Warte ...“
Ben versucht, Paul zu trösten, und meint: „Das Rezept taucht bestimmt wieder auf.“ Da hat Frau Fuchs eine Idee:
„Lasst uns doch statt der Pizza Nudeln mit Tomatensoße kochen.
Das passt genauso zu unserem Motto Italien.
Dafür haben wir auch die Zutaten hier und ich kenne das Rezept.“
Die Idee finden alle gut. Nur Paul grübelt weiter.
Die meisten Zutaten für die Pizza fallen ihm tatsächlich ein.
Aber hat er sich wirklich alles gemerkt?

?

Paul hat 2 Zutaten für die Pizza vergessen.
Welche?

☐ Hefe und Käse

1a 

☐ Öl und Salz

1b 

Sätze und Satzschlusszeichen kennen

1 Welche Reihenfolge stimmt? Kreuze an.

☐ | Hundekuchen | Unser | liebt | Hund | . |

☐ | Unser | Hund | liebt | Hundekuchen | . |

ACHTUNG ACHTUNG ACHTUNG

Das haben wir herausgefunden!

Merkmale von Sätzen
Das erste Wort im Satz beginnt mit einem **großen Buchstaben**.
Ein Satz endet mit einem **Satzschlusszeichen**.
Das ist oft ein **Punkt**:
Uno frisst gern Hundekekse.

ACHTUNG ACHTUNG ACHTUNG

2 Bei welchen Sätzen stimmt die Reihenfolge? Kreuze an.

Tipp: 2 sind richtig!

☐ | Mit meiner Hand | kann | ich | greifen | . |

☐ | fünf Zehen | An meinem Fuß | . | sind |

☐ | Auf meiner Nase | habe | ich | Sommersprossen | . |

☐ | Ich | . | zwei Ohren | habe |

3 Markiere in den richtigen Sätzen den Satzanfang und den Punkt.

› Struktur eines Satzes erkennen
› Satzschlusszeichen kennen
› grundlegende sprachliche Begriffe kennen: Satz, Punkt

Sätze und Satzgrenzen erkennen

In einem einfachen Satz steckt ein Gedanke.
Beim Lesen mache ich am Ende eines Satzes eine kurze Pause.
Mit Satzzeichen kann ich einen Text besser lesen.

1 Lies und schreibe die Punkte am Satzende.

mein Name ist Lisa __
ich bin Mitglied im Turnverein __
montags gehe ich zum Training __
wir stärken unsere Muskeln __
ich kann gut über den Bock springen __

2 Markiere in den Sätzen die Satzanfänge.

3 Schreibe die Sätze ab. Schreibe die Satzanfänge groß und setze die Punkte.

Mein

Satzschlusszeichen kennen: Fragezeichen

1 Markiere die Fragezeichen **?**.

ACHTUNG ACHTUNG ACHTUNG

Das haben wir herausgefunden!

Merkmale von Sätzen

Ein Fragesatz endet mit einem **Fragezeichen**.

Was isst Lulu am liebsten?

Wohin fährt Umut?

ACHTUNG ACHTUNG ACHTUNG

2 Ergänze die Fragezeichen.

Wie konnte das passieren ?

Wer hat den Ball angenommen __

Warum hast du nicht früher abgespielt __

Wieso habt ihr den Gegenspieler vorbeigelassen __

Warum habt ihr nicht besser aufeinander geachtet __

3 Markiere die Fragewörter am Satzanfang.

› unterschiedliche Satzarten erkennen
› Satzschlusszeichen setzen: Fragezeichen,
› sprachliche Begriffe kennen: Fragesatz, Fragezeichen

Satzschlusszeichen kennen: Ausrufezeichen

1 Markiere die Ausrufezeichen **!** .

ACHTUNG ACHTUNG ACHTUNG

Das haben wir herausgefunden!

Merkmale von Sätzen
Am Ende eines Satzes,
den jemand mit Nachdruck sagt,
kann ein **Ausrufezeichen** stehen.
Dann ist es ein Ausruf oder eine Aufforderung.
Oh nein! Juhu! Kommt mit! Bleib hier!

ACHTUNG ACHTUNG ACHTUNG

2 Ergänze die Ausrufezeichen.

Das war super !
Herzlichen Glückwunsch zum Sieg ___
Endlich habt ihr es geschafft ___
Tolle Leistung, tolle Mannschaft ___
Ihr seid die Größten ___
Prima ___
Weiter so ___

› unterschiedliche Satzarten erkennen
› Satzschlusszeichen setzen: Ausrufezeichen
› sprachliche Begriffe kennen: Ausruf, Aufforderung, Ausrufezeichen

Satzschlusszeichen verwenden

1 Verbinde.

Aussagesatz	?
Fragesatz	!
Ausruf oder Aufforderungssatz	.

2 Finde die 2 Fragen. Ergänze die Fragezeichen. Streiche durch.

~~Murmel, gib Pfötchen ___~~ Wo bleibst du denn ___

Wann kommst du nach Hause ___ Wir haben Besuch ___

3 Finde die 2 Ausrufe. Ergänze die Ausrufezeichen. Streiche durch.

Halt, bleib stehen ___ Wir wollen das Spiel ausprobieren ___

Kann ich mitspielen ___ Aua, mein Finger ___

4 Finde die 2 Aussagen. Ergänze die Punkte. Streiche durch.

Murmel, komm her ___ Ich hole die Leine ___

Wir gehen in den Park ___ Los, lauf ___

› unterschiedliche Satzarten erkennen
› Satzschlusszeichen setzen: Punkt, Fragezeichen, Ausrufezeichen

Satzschlusszeichen verwenden

5 Lies das Gespräch.
Male an: Fragesätze blau, Ausrufesätze rot
und Aussagesätze grün.

› unterschiedliche Satzarten erkennen
› Satzschlusszeichen unterscheiden: Punkt, Fragezeichen, Ausrufezeichen

Detektivwissen überprüfen

1 Verbinde.

.	!	?

Fragezeichen   Punkt   Ausrufezeichen

2 Verbinde.

Elsa geht mit den Hunden spazieren.	Aussagesatz
Murmel, Uno, bei Fuß!	Fragesatz
Wohin läuft Uno?	Aufforderungssatz

3 Ergänze die Satzschlusszeichen: ? ! .

Wo ist die Futterschüssel der Hunde __

Die Schüssel steht unter dem Tisch __

Sitz, Murmel __

Brav, Uno __

Bald sind die Hunde satt und müde __

› Satzschlusszeichen kennen und verwenden
› Satzarten kennen
› den eigenen Lernstand einschätzen

Spurensicherung: Der 2. Hinweis!

Frau Fuchs sagt zu Elsa: „Wiegst du bitte die Nudeln ab?“
Elsa würde lieber Pizza essen, aber wie soll das gehen
ohne das Rezept? Also rechnet Paul aus,
wie viele Nudeln sie für die Gruppe brauchen.
Dann wiegt Elsa die Menge ganz genau ab
und wirft den leeren Nudelkarton in die Altpapierkiste.
Da fragt Ben, wo Tristan ist. Er sollte doch die Zwiebeln schneiden.
Niemand weiß es. Die Detektive sehen sich an. Das ist ja seltsam!
Erst ist das Pizza-Rezept weg und dann auch noch Tristan.
Hat er etwas mit dem verschwundenen Rezept zu tun?
„Wir suchen Tristan“, sagt Lulu und TEAM LUPE saust los.
Paul rollt zur Speisekammer und Elsa folgt ihm.
Lulu und Umut laufen zum Klassenzimmer.
Ob sie Tristan irgendwo finden können?

Wo ist er hin?

?

In der Pizza versteckt
sich ein langes Wort.
Wo haben die LUPE-Kinder
Tristan gefunden?
Kreise ein.

☐ Speisekammer

2a

☐ Klassenzimmer

2b

Nomen kennen

die Maus

die kleine Maus

die kleine, graue Maus

Um den Nomen auf die Spur zu kommen, können wir Schiebewörter einsetzen.

1 Ergänze.

bunter
bunter
dicker

ein Ball

ein ____________ Ball

ein ____________, ____________ Ball

2 Male die Wörter mit den gleichen Farben wie oben an.

ACHTUNG ACHTUNG ACHTUNG

Das haben wir herausgefunden!

Wörter, vor die man beschreibende Schiebewörter einfügen kann, schreibt man groß: die alte Katze
Man nennt sie **Nomen**.
Mit der **Schiebewortprobe** kannst du sie erkennen.

N↑

ACHTUNG ACHTUNG ACHTUNG

3 Schreibe die 2 roten Nomen von oben auf.

M____________ B____________

› mit Sprache experimentell und spielerisch umgehen
› grammatisches Wissen für die Rechtschreibung nutzen
› grundlegende sprachliche Begriffe kennen: Nomen

Nomen kennen

4 Verbinde.

der Ball | das Auto | die Palme | das Eis

5 Setze die Nomen passend ein.

das blaue Auto

das blaue, neue Auto

der runde ______

der runde, bunte ______

die schiefe ______

die schiefe, grüne ______

das kalte ______

das kalte, leckere ______

6 Ein Wort in jeder Zeile ist **kein** Nomen. Streiche durch.

Weg	Reh	~~spazieren~~	Vater	Baum
Blume	Rutsche	Oma	spielen	Eimer
laufen	Bagger	Gurke	Kind	Elefant
Haus	Vogel	Schaufel	Onkel	springen

› Leistungen von Wortarten untersuchen
› Merkmale von Nomen kennen

Nomen und bestimmter Artikel

1 Schreibe der, die, das.

 ______ kleine, gemusterte Stein

 ______ kleine, gemusterte Muschel

 ______ kleine, gemusterte Schneckenhaus

ACHTUNG ACHTUNG ACHTUNG

Das haben wir herausgefunden!

Merkmale von Nomen

Zu jedem Nomen gehört ein **Artikel** (Begleiter).
Die **bestimmten Artikel** sind **der, die, das**:
der Hund, die Katze, das Kind

ACHTUNG ACHTUNG ACHTUNG

2 Schreibe nach den bestimmten Artikeln der, die, das geordnet.

das Mehl die Paprika ~~der Saft~~ das Brot die Kiwi
die Zitrone der Senf das Müsli der Käse

der	**die**	**das**
der Saft		

› Leistungen von Wortarten untersuchen
› Merkmale von Nomen kennen
› grundlegende sprachliche Begriffe kennen: bestimmter Artikel

Nomen und unbestimmter Artikel

ACHTUNG ACHTUNG ACHTUNG

Das haben wir herausgefunden!

Wenn du kein bestimmtes Nomen meinst, sondern irgendeines, dann verwendest du den **unbestimmten Artikel**:
ein Hund, eine Katze, ein Pferd

ACHTUNG ACHTUNG ACHTUNG

1 Schreibe nach ein, eine geordnet.

ein	eine
	eine Mücke

~~eine Mücke~~
ein Floh
eine Fliege
ein Wurm
ein Frosch
eine Raupe

2 Lies und setze die unbestimmten Artikel ein oder eine ein.

Auf dem Tisch steht ______ Glas Saft.
Daneben stehen ______ Teller und ______ Schale.
Auf dem Teller liegt ______ Brot mit Käse.
In der Schale liegen ______ Apfel und ______ Banane.
Umut fehlt nur noch ______ Becher Kakao.

Nomen in Einzahl und Mehrzahl

1 Welche Wörter gehören zusammen?
Male sie in der gleichen Farbe an.

der Opa
der Weg
der Baum
die Biene
das Gras

Einzahl

die Bienen
die Gräser
die Opas
die Wege
die Bäume

Mehrzahl

ACHTUNG ACHTUNG ACHTUNG

Das haben wir herausgefunden!

Merkmale von Nomen
Nomen gibt es in der **Einzahl** und in der **Mehrzahl**.
In der Mehrzahl verändern sich viele Nomen:
ein Hund – viele Hunde, ein Bild – viele Bilder
Der bestimmte Artikel für die Mehrzahl ist immer **die**.

ACHTUNG ACHTUNG ACHTUNG

2 Schreibe die Mehrzahl.

das Kind – die Kinder
der Fisch – die
die Ente – die
die Oma – die
das Bett – die
der Stift – die
das Auto – die

Fische
Betten
Autos
~~Kinder~~
Stifte
Omas
Enten

› Leistungen von Wortarten untersuchen
› Merkmale von Nomen kennen
› grundlegende sprachliche Begriffe kennen: Einzahl, Mehrzahl

Nomen in Einzahl und Mehrzahl

3 Schreibe die Mehrzahl.

	Einzahl der die das	Mehrzahl die	
	der Riese	die Riesen	-n
	das Foto	die	-s
	das Schwein	die	-e
	die Kiwi	die	-s
	die Torte	die	-n
	der Helm	die	-e
	das Ei	die	-er
	die Frau	die	-en

	Einzahl ein eine	Mehrzahl viele	
	ein Dino	viele	-s
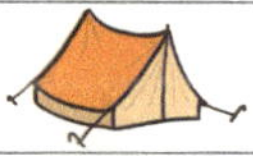	ein Zelt	viele	-e
	ein Hemd	viele	-en
	eine Birne	viele	-n
	ein Wal	viele	-e
	ein Sofa	viele	-s
	eine Schere	viele	-n
	ein Bild	viele	-er

› Leistungen von Wortarten untersuchen
› Merkmale von Nomen kennen
› grundlegende sprachliche Begriffe kennen: Einzahl, Mehrzahl

Namen für Menschen, Tiere, Pflanzen, Dinge

1 Verbinde.

der Junge · der Baum · der Tisch · der Hund

Menschen · Tiere · Pflanzen · Dinge

das Reh · das Gras · die Oma · das Mäppchen

ACHTUNG ACHTUNG ACHTUNG

Das haben wir herausgefunden!

Merkmale von Nomen
Nomen sind oft **Namen** für **Menschen**, **Tiere**, **Pflanzen** und **Dinge**: die Frau, Paul, der Hund, das Schaf, die Tasche

ACHTUNG ACHTUNG ACHTUNG

2 Male an.

Menschen	Tiere	Pflanzen	Dinge
die Tante	die Katze	die Tanne	der Stuhl
der Lehrerin	die Fliege	die Blume	der Stift
der Vater	die Spinne	der Baum	das Lineal
das Mädchen	das Pferd	das Gras	die Rutsche

› Leistungen von Wortarten untersuchen
› Merkmale von Nomen kennen
› grundlegende sprachliche Begriffe kennen: Nomen

Namen für Menschen, Tiere, Pflanzen, Dinge

3 Verbinde.

die Lehrerin

das Mädchen

die Tante

die Ratte

das Nashorn

der Pinguin

Menschen **Tiere** **Pflanzen** **Dinge**

die Eiche

das Gras

die Blüte

der Füller

das Heft

das Lineal

4 Ein Nomen in jedem Kasten passt nicht. Streiche durch.

Tiere	Dinge	Pflanzen	Menschen
Hamster	Buch	Rose	Kind
Frosch	Stein	Bild	Jana
~~Eimer~~	Kiste	Strauch	Leute
Vogel	Onkel	Moos	Sessel
Maus	Seil	Tulpe	Vater

Detektivwissen überprüfen

1 Male 8 Felder mit Nomen orange. Male die anderen Felder blau.

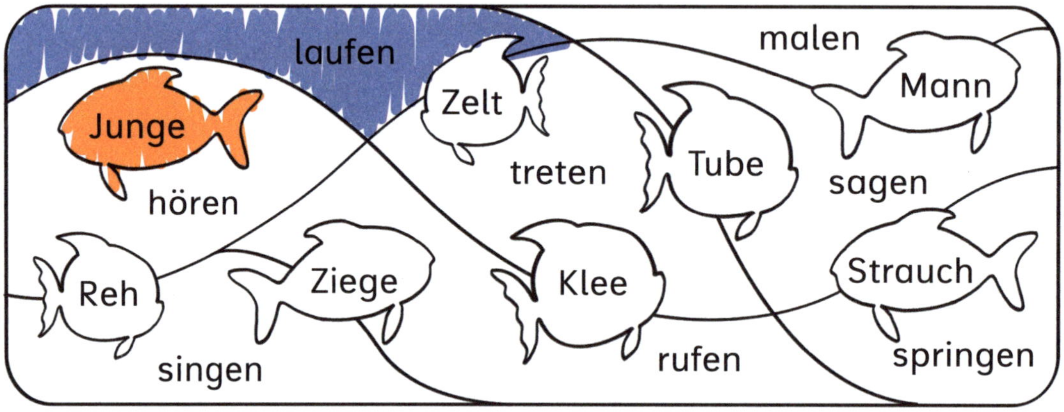

2 Schreibe den bestimmten und den unbestimmten Artikel auf.

das Bett – ein Bett ______ Teppich – ______ Teppich

______ Decke – ______ Decke ______ Regal – ______ Regal

3 Schreibe die Mehrzahl.

	der die das		die
	der Dino		die
	die Frau		die
	das Bild		die
	ein eine		viele
	ein Zelt		viele
	eine Birne		viele

› Nomen und Artikel kennen und verwenden
› Einzahl und Mehrzahl von Nomen bilden
› den eigenen Lernstand einschätzen

Spurensicherung: Der 3. Hinweis!

Als Elsa die Tür zur Speisekammer öffnet,
hören Paul und sie einen lauten Krach. Jemand schimpft: „Mist!“
Elsa und Paul stürmen in die Speisekammer und sehen Tristan.
Er steht vor einem Regal und starrt auf einige Töpfe,
die er umgeworfen hat. Tristan jammert:
„Oh, das war ein Versehen! Ich wollte nur den Reis rausholen.
Falls wir doch noch Risotto kochen.“
Paul grinst. „Du bist echt ein Dickkopf!“
Da schaut Ben herein.
Er ist nicht sauer und hilft Tristan beim Aufräumen.
„Vergiss die Zwiebeln nicht“, sagt Elsa zu Tristan.
Der streckt Elsa die Zunge heraus und haut ab in den Garten.
„Hinterher!“, ruft Paul.

?

Wo läuft Tristan hin?
Vergleiche sein Schuh-Profil mit den Spuren im hohen Gras.

☐ zu den Tannen

3a

☐ zu den Tomaten

3b

Verben kennen

ACHTUNG ACHTUNG ACHTUNG

Das haben wir herausgefunden!

Verben sind Wörter, die sich der **Person** anpassen. Sie verändern sich, wenn man **ich** oder **er/sie/es** davorsetzt: spielen – ich spiele, er spielt

ACHTUNG ACHTUNG ACHTUNG

1 Verbinde.

springen		Ich springe.
schreiben		Ich lese.
lesen		Ich schreibe.
suchen		Ich suche.

2 Verbinde.

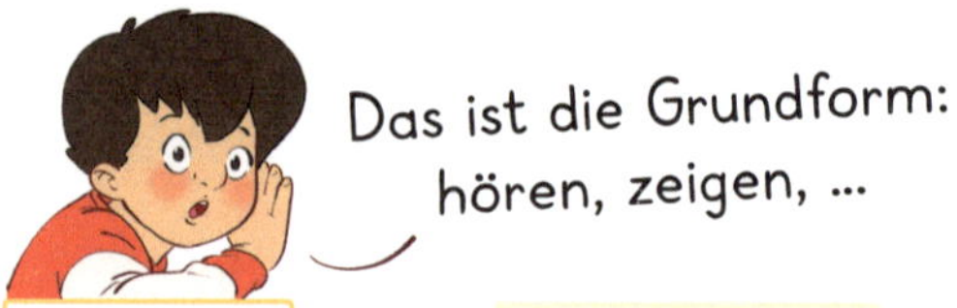

hören	Ich suche.	finden	Ich denke.
suchen	Ich sage.	geben	Ich finde.
sagen	Ich höre.	denken	Ich gebe.

› Verben kennen und verwenden
› grundlegende sprachliche Begriffe kennen: Verb, Grundform

1 Der Krimi beginnt mit dieser Seite:

Unser Fall

Hier erfährst du, was passiert ist.

Ein neuer Fall für TEAM LUPE

Bevor es mit dem Fall weitergeht, kommt erst mal ein Übungskapitel.

2 Weiter geht es mit der

Spurensicherung

Du ermittelst gemeinsam mit TEAM LUPE.
Löse das Rätsel und finde den Hinweis.
Jetzt weißt du, welcher Sticker in die Fallakte gehört.

Klebe den richtigen Hinweis-Sticker vom Stickerbogen in die Fallakte.

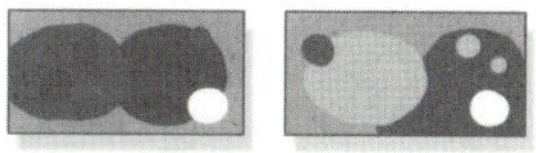

Bist du unsicher, welches der richtige Sticker ist? Du findest die Lösung auch immer versteckt auf der Seite.

Übe nun weiter.

2-mal blättern, dann geht es weiter.

Illustrationen: Michael Stapper

Meine Hinweis-Sticker für den Fall

1a

1b

2a

2b

3a

3b

4a

4b

5a

5b

6a

6b

Illustrationen: Michael Stapper

westermann

TEAM LUPE ERMITTELT

Das Pizza-Rätsel

LÖSUNGEN

(zum Heraustrennen die mittlere Klammer lösen)

2

Lösungen zu
ISBN 978-3-14-**141457**-8
Illustriert von Cesare Asaro, Matthias Berghahn, Michael Stapper, Zapf

Sprache untersuchen
FÖRDERN

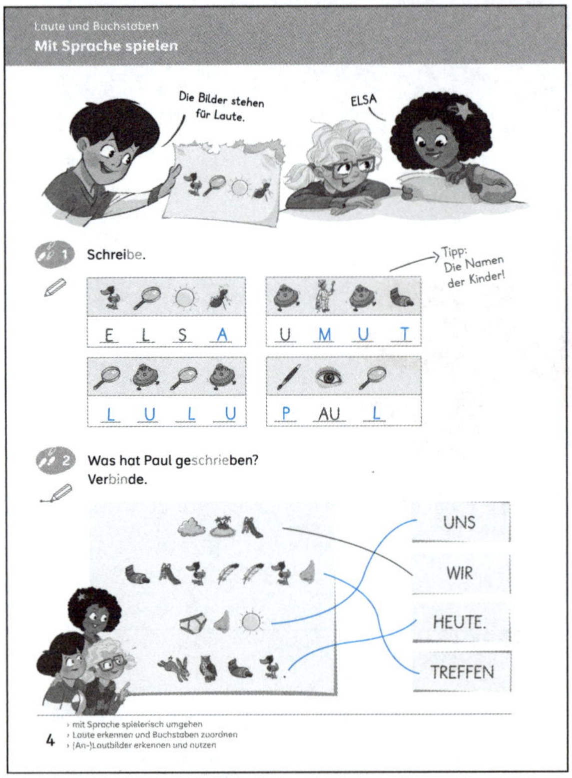
Laute und Buchstaben

Mit Sprache spielen

Die Bilder stehen für Laute.

ELSA

1 Schreibe.

E L S A | U M U T

L U L U | P AU L

Tipp: Die Namen der Kinder!

2 Was hat Paul geschrieben? Verbinde.

UNS

WIR

HEUTE.

TREFFEN

› mit Sprache spielerisch umgehen
› Laute erkennen und Buchstaben zuordnen
› (An-)Lautbilder erkennen und nutzen

4

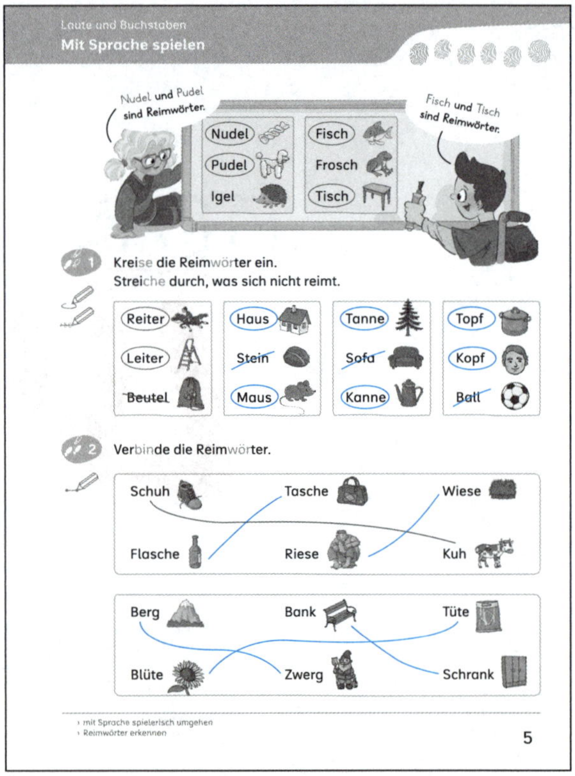
Laute und Buchstaben

Mit Sprache spielen

Nudel und Pudel sind Reimwörter.

Fisch und Tisch sind Reimwörter.

Nudel, Pudel, Igel | Fisch, Frosch, Tisch

1 Kreise die Reimwörter ein. Streiche durch, was sich nicht reimt.

Reiter	Haus	Tanne	Topf
Leiter	~~Stein~~	~~Sofa~~	Kopf
~~Beutel~~	Maus	Kanne	~~Ball~~

2 Verbinde die Reimwörter.

Schuh, Tasche, Wiese, Flasche, Riese, Kuh

Berg, Bank, Tüte, Blüte, Zwerg, Schrank

› mit Sprache spielerisch umgehen
› Reimwörter erkennen

5

Laute und Buchstaben

Vokale in Silben untersuchen

Das sind Silbenkerne. In jeder Silbe steckt ein Silbenkern.

a e i o u – Vokale

1 Markiere in jeder Silbe den Silbenkern.

Pinsel Salat Foto Lupe Blume

Sofa Feder Regal Besen Monat

2 Schwinge die Wörter. Füge die Silbenkerne in die Silbenbögen ein. Schreibe die Wörter.

u e – Tube | i e – Pinsel | o e – Dose

o e – Wolke | a e – Kamel | u e – Nudel

› Silbenkerne in Silben erkennen
› Wörter strukturieren und Silbenkerne erkennen
› grundlegende sprachliche Begriffe: Vokale, Silbenkerne, Silben

6

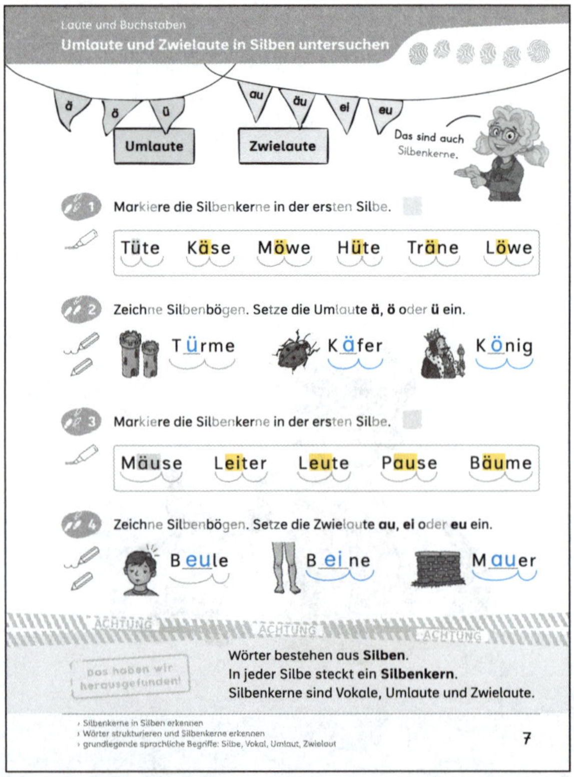
Laute und Buchstaben

Umlaute und Zwielaute in Silben untersuchen

ä ö ü – Umlaute

au äu ei eu – Zwielaute

Das sind auch Silbenkerne.

1 Markiere die Silbenkerne in der ersten Silbe.

Tüte Käse Möwe Hüte Träne Löwe

2 Zeichne Silbenbögen. Setze die Umlaute **ä**, **ö** oder **ü** ein.

Türme Käfer König

3 Markiere die Silbenkerne in der ersten Silbe.

Mäuse Leiter Leute Pause Bäume

4 Zeichne Silbenbögen. Setze die Zwielaute **au**, **ei** oder **eu** ein.

Beule Beine Mauer

ACHTUNG

Das haben wir herausgefunden!

Wörter bestehen aus **Silben**.
In jeder Silbe steckt ein **Silbenkern**.
Silbenkerne sind Vokale, Umlaute und Zwielaute.

› Silbenkerne in Silben erkennen
› Wörter strukturieren und Silbenkerne erkennen
› grundlegende sprachliche Begriffe: Silbe, Vokal, Umlaut, Zwielaut

7

Lange und kurze Vokale kennen

1 Zeichne Silbenbögen.
Kennzeichne den langen Vokal (–) in der ersten Silbe.

Besen Feder Regen Kegel Nebel

Kugel Bruder Nudel Schule Ruder

2 Zeichne Silbenbögen.
Kennzeichne den kurzen Vokal (•) in der ersten Silbe.

Tonne Sommer Stoffe Koffer Wolke

Lasso Klasse Kasten Wasser Mantel

Lange und kurze Vokale kennen

3 Ist der Vokal lang (–) oder kurz (•)? Verbinde.

Vergleichswörter		
Ameise, Affe	Schale – ; Katze •	Klasse • ; Vater –
Esel, Ente	Schere – ; Keller •	Felsen • ; Nebel –
Ziege, Kind	Tische • ; Wiese –	Fliege – ; Pinsel •
Oma, Ordner	Locke • ; Tore –	Brote – ; Rolle •
Ufo, Unterhemd	Blume – ; Mutter •	Suppe • ; Pudel –

ACHTUNG

Das haben wir herausgefunden!

Ich schreibe den gleichen Buchstaben, auch wenn der Vokal **verschieden** klingt: Hase, Kasten, Bagger

Das Abc kennen und üben

1 Schreibe die Buchstaben des **Abc**.

2 Male die Vokale **A, E, I, O, U** rot an.
Male die Konsonanten blau an.

ACHTUNG

Das haben wir herausgefunden!

Buchstaben sind oft nach dem **Abc** (Alphabet) geordnet.
Die **Vokale** sind **a, e, i, o, u**.
Die anderen Buchstaben heißen **Konsonanten**.

3 Welcher Buchstabe im **Abc** fehlt? Schreibe.

S T U   O P Q   G H I   R S T   X Y Z   D E F

4 Die fehlenden Buchstaben ergeben ein Lösungswort.

Du bist SPITZE.

Wörter nach dem Abc ordnen

1 Markiere die großen Anfangsbuchstaben.
Kreise sie im **Abc** ein.

A (B) C D E (F) G H I J K L M N O P Q (R) S T U V W X Y (Z)

2 Schreibe die Wörter nach dem **Abc** geordnet auf.

1. Berg 2. Foto
3. Regen 4. Zebra

3 Markiere die großen Anfangsbuchstaben.
Schreibe die Wörter nach dem **Abc** geordnet auf.

Lama Affe
Tiger Katze

1. Affe 2. Katze
3. Tiger 4. Lama

4 Markiere die großen Anfangsbuchstaben.
Nummeriere die Wörter in der Reihenfolge des **Abc**.

2 Hals   1 Geld   3 Ring   4 Stein

Detektivwissen überprüfen

1 Zeichne Silbenbögen. Markiere alle Silbenkerne.

Leute Bilder Regenbogen
Kaktus Reis Haufen

2 Male an: 5 Vokale blau, alle Konsonanten grün.

D A F J O K T U L M C R Z
N P E Q B S V H I W X Y G

3 Ist der Vokal in der ersten Silbe lang (–) oder kurz (•)? Kennzeichne.

Maler Koffer Biene Kosten Licht Butter

4 Schreibe das Abc.

ABCDEFGHIJKLMNOPQR
STUVWXYZ

› Silben, Silbenkerne, Umlaute, Zwielaute, Vokale und Konsonanten kennen
› das Alphabet kennen
› den eigenen Lernstand einschätzen

Spurensicherung: Der 1. Hinweis!

Die LUPE-Kinder sehen sich überall in der Küche um. Das gibt es doch nicht! Das Pizza-Rezept ist spurlos verschwunden. Umut fragt Paul: „Kannst du dich an die Zutaten erinnern? Und wie viel man davon braucht?" „Oje!", seufzt Paul. „Warte ..."
Ben versucht, Paul zu trösten, und meint: „Das Rezept taucht bestimmt wieder auf." Da hat Frau Fuchs eine Idee: „Lasst uns doch statt der Pizza Nudeln mit Tomatensoße kochen. Das passt genauso zu unserem Motto Italien. Dafür haben wir auch die Zutaten hier und ich kenne das Rezept."
Die Idee finden alle gut. Nur Paul grübelt weiter. Die meisten Zutaten für die Pizza fallen ihm tatsächlich ein. Aber hat er sich wirklich alles gemerkt?

? Paul hat 2 Zutaten für die Pizza vergessen. Welche?

☐ Hefe und Käse (1a) ☒ Öl und Salz (1b)

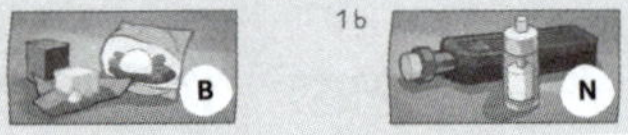

Sätze
Sätze und Satzschlusszeichen kennen

1 Welche Reihenfolge stimmt? Kreuze an.

☒ Hundekuchen | Unser | liebt | Hund | .
☐ Unser | Hund | liebt | Hundekuchen | .

ACHTUNG

Das haben wir herausgefunden!

Merkmale von Sätzen
Das erste Wort im Satz beginnt mit einem **großen Buchstaben**.
Ein Satz endet mit einem **Satzschlusszeichen**.
Das ist oft ein **Punkt**:
Uno frisst gern Hundekekse.

2 Bei welchen Sätzen stimmt die Reihenfolge? Kreuze an. Tipp: 2 sind richtig!

☒ Mit meiner Hand | kann | ich | greifen | .
☐ fünf Zehen | An meinem Fuß | . | sind
☒ Auf meiner Nase | habe | ich | Sommersprossen | .
☐ Ich | . | zwei Ohren | habe

3 Markiere in den richtigen Sätzen den Satzanfang und den Punkt.

› Struktur eines Satzes erkennen
› Satzschlusszeichen kennen
› grundlegende sprachliche Begriffe kennen: Satz, Punkt

Sätze
Sätze und Satzgrenzen erkennen

1 Lies und schreibe die Punkte am Satzende.

mein Name ist Lisa .
ich bin Mitglied im Turnverein .
montags gehe ich zum Training .
wir stärken unsere Muskeln .
ich kann gut über den Bock springen .

2 Markiere in den Sätzen die Satzanfänge.

3 Schreibe die Sätze ab. Schreibe die Satzanfänge groß und setze die Punkte.

Mein Name ist Lisa.
Ich bin Mitglied im Turnverein.
Montags gehe ich zum Training.
Wir stärken die Muskeln.
Ich kann gut über den Boden springen.

› Satzgrenzen erkennen
› den Satz als Sinneinheit erkennen
› Satzschlusszeichen setzen

TEAM LUPE ERMITTELT – Sprache untersuchen 2 – LÖSUNGEN

Sätze

Satzschlusszeichen kennen: Fragezeichen

1 Markiere die Fragezeichen ?.

ACHTUNG

Das haben wir herausgefunden!

Merkmale von Sätzen
Ein Fragesatz endet mit einem **Fragezeichen**.
Was isst Lulu am liebsten?
Wohin fährt Umut?

2 Ergänze die Fragezeichen.

Wie konnte das passieren ?
Wer hat den Ball angenommen ?
Warum hast du nicht früher abgespielt ?
Wieso habt ihr den Gegenspieler vorbeigelassen ?
Warum habt ihr nicht besser aufeinander geachtet ?

3 Markiere die Fragewörter am Satzanfang.

› unterschiedliche Satzarten erkennen
› Satzschlusszeichen setzen: Fragezeichen,
› sprachliche Begriffe kennen: Fragesatz, Fragezeichen

Sätze

Satzschlusszeichen kennen: Ausrufezeichen

1 Markiere die Ausrufezeichen !.

ACHTUNG

Das haben wir herausgefunden!

Merkmale von Sätzen
Am Ende eines Satzes,
den jemand mit Nachdruck sagt,
kann ein **Ausrufezeichen** stehen.
Dann ist es ein Ausruf oder eine Aufforderung.
Oh nein! Juhu! Kommt mit! Bleib hier!

2 Ergänze die Ausrufezeichen.

Das war super !
Herzlichen Glückwunsch zum Sieg !
Endlich habt ihr es geschafft !
Tolle Leistung, tolle Mannschaft !
Ihr seid die Größten !
Prima !
Weiter so !

› unterschiedliche Satzarten erkennen
› Satzschlusszeichen setzen: Ausrufezeichen
› sprachliche Begriffe kennen: Ausruf, Aufforderung, Ausrufezeichen

Sätze

Satzschlusszeichen verwenden

1 Verbinde.

Aussagesatz	?
Fragesatz	!
Ausruf oder Aufforderungssatz	.

2 Finde die 2 Fragen. Ergänze die Fragezeichen. Streiche durch.

~~Murmel, gib Pfötchen~~ — Wo bleibst du denn ?
Wann kommst du nach Hause ? — ~~Wir haben Besuch~~

3 Finde die 2 Ausrufe. Ergänze die Ausrufezeichen. Streiche durch.

Halt, bleib stehen ! — ~~Wir wollen das Spiel ausprobieren~~
~~Kann ich mitspielen~~ — Aua, mein Finger !

4 Finde die 2 Aussagen. Ergänze die Punkte. Streiche durch.

~~Murmel, komm her~~ — Ich hole die Leine .
Wir gehen in den Park . — ~~Los, lauf~~

› unterschiedliche Satzarten erkennen
› Satzschlusszeichen setzen: Punkt, Fragezeichen, Ausrufezeichen

Sätze

Satzschlusszeichen verwenden

5 Lies das Gespräch.
Male an: Fragesätze blau, Ausrufesätze rot und Aussagesätze grün.

Erzählt, wie war es gestern ?
Es war aufregend und spannend .
Jetzt lass mich mal erzählen !
Was ist denn passiert ?
Ein Spieler hat sich verletzt .
Er wurde gefoult .
Oh, war er schlimm verletzt ?
Er hatte eine Platzwunde am Kopf .
Musste er ausgewechselt werden ?
Ja, es hat lange gedauert, bis der Sanitäter kam .
Und wer hat gewonnen ?
Hoffentlich unsere Mannschaft !

› unterschiedliche Satzarten erkennen
› Satzschlusszeichen unterscheiden: Punkt, Fragezeichen, Ausrufezeichen

Detektivwissen überprüfen

1 Verbinde.

Fragezeichen | Punkt | Ausrufezeichen

2 Verbinde.

Elsa geht mit den Hunden spazieren.	Aussagesatz
Murmel, Uno, bei Fuß!	Fragesatz
Wohin läuft Uno?	Aufforderungssatz

3 Ergänze die Satzschlusszeichen: ? ! .

Wo ist die Futterschüssel der Hunde ?

Die Schüssel steht unter dem Tisch .

Sitz, Murmel !

Brav, Uno !

Bald sind die Hunde satt und müde .

- Satzschlusszeichen kennen und verwenden
- Satzarten kennen
- den eigenen Lernstand einschätzen

Spurensicherung: Der 2. Hinweis!

Frau Fuchs sagt zu Elsa: „Wiegst du bitte die Nudeln ab?"
Elsa würde lieber Pizza essen, aber wie soll das gehen
ohne das Rezept? Also rechnet Paul aus,
wie viele Nudeln sie für die Gruppe brauchen.
Dann wiegt Elsa die Menge ganz genau ab
und wirft den leeren Nudelkarton in die Altpapierkiste.
Da fragt Ben, wo Tristan ist. Er sollte doch die Zwiebeln schneiden.
Niemand weiß es. Die Detektive sehen sich an. Das ist ja seltsam!
Erst ist das Pizza-Rezept weg und dann auch noch Tristan.
Hat er etwas mit dem verschwundenen Rezept zu tun?
„Wir suchen Tristan", sagt Lulu und TEAM LUPE saust los.
Paul rollt zur Speisekammer und Elsa folgt ihm.
Lulu und Umut laufen zum Klassenzimmer.
Ob sie Tristan irgendwo finden können?

? In der Pizza versteckt sich ein langes Wort. Wo haben die LUPE-Kinder Tristan gefunden? Kreise ein.

[X] Speisekammer 2a

[ ] Klassenzimmer 2b

Nomen
Nomen kennen

die Maus
die kleine Maus
die kleine, graue Maus

1 Ergänze.

bunter – ein Ball
bunter – ein bunter Ball
dicker – ein bunter, dicker Ball

2 Male die Wörter mit den gleichen Farben wie oben an.

ACHTUNG

Das haben wir herausgefunden!

Wörter, vor die man beschreibende Schiebewörter einfügen kann, schreibt man groß: die alte Katze
Man nennt sie **Nomen**.
Mit der **Schiebewortprobe** kannst du sie erkennen.

N↑

3 Schreibe die 2 roten Nomen von oben auf.

Maus | Ball

- mit Sprache experimentell und spielerisch umgehen
- grammatisches Wissen für die Rechtschreibung nutzen
- grundlegende sprachliche Begriffe kennen: Nomen

Nomen
Nomen kennen

4 Verbinde.

der Ball | das Auto | die Palme | das Eis

5 Setze die Nomen passend ein.

das blaue Auto — der runde Ball
das blaue, neue Auto — der runde, bunte Ball

die schiefe Palme — das kalte Eis
die schiefe, grüne Palme — das kalte, leckere Eis

6 Ein Wort in jeder Zeile ist **kein** Nomen. Streiche durch.

Weg	Reh	~~spazieren~~	Vater	Baum
Blume	Rutsche	Oma	~~spielen~~	Eimer
~~laufen~~	Bagger	Gurke	Kind	Elefant
Haus	Vogel	Schaufel	Onkel	~~springen~~

- Leistungen von Wortarten untersuchen
- Merkmale von Nomen kennen

Nomen

Nomen und bestimmter Artikel

1 Schreibe der, die, das.

der kleine, gemusterte Stein

die kleine, gemusterte Muschel

das kleine, gemusterte Schneckenhaus

ACHTUNG

Das haben wir herausgefunden!

Merkmale von Nomen
Zu jedem Nomen gehört ein **Artikel** (Begleiter).
Die **bestimmten Artikel** sind **der, die, das:**
der Hund, die Katze, das Kind

2 Schreibe nach den bestimmten Artikeln der, die, das geordnet.

~~das Mehl~~ ~~die Paprika~~ ~~der Saft~~ ~~das Brot~~ ~~die Kiwi~~ ~~die Zitrone~~ ~~der Senf~~ ~~das Müsli~~ ~~der Käse~~

der	die	das
der Saft	die Paprika	das Mehl
der Senf	die Kiwi	das Brot
der Käse	die Zitrone	das Müsli

› Leistungen von Wortarten untersuchen
› Merkmale von Nomen kennen
› grundlegende sprachliche Begriffe kennen: bestimmter Artikel

Nomen

Nomen und unbestimmter Artikel

ACHTUNG

Das haben wir herausgefunden!

Wenn du kein bestimmtes Nomen meinst, sondern irgendeines, dann verwendest du den **unbestimmten Artikel:**
ein Hund, **eine** Katze, **ein** Pferd

1 Schreibe nach ein, eine geordnet.

ein	eine
ein Floh	eine Mücke
ein Wurm	eine Fliege
ein Grashüpfer	eine Raupe

~~eine Mücke~~ ~~ein Floh~~ ~~eine Fliege~~ ~~ein Wurm~~ ~~ein Frosch~~ ~~eine Raupe~~

2 Lies und setze die unbestimmten Artikel ein oder eine ein.

Auf dem Tisch steht ein Glas Saft.
Daneben stehen ein Teller und eine Schale.
Auf dem Teller liegt ein Brot mit Käse.
In der Schale liegen ein Apfel und eine Banane.
Umut fehlt nur noch ein Becher Kakao.

› Leistungen von Wortarten untersuchen
› Merkmale von Nomen kennen
› grundlegende sprachliche Begriffe kennen: unbestimmter Artikel

Nomen

Nomen in Einzahl und Mehrzahl

1 Welche Wörter gehören zusammen?
Male sie in der gleichen Farbe an.

Einzahl: der Opa, der Weg, der Baum, die Biene, das Gras

Mehrzahl: die Bienen, die Gräser, die Opas, die Wege, die Bäume

ACHTUNG

Das haben wir herausgefunden!

Merkmale von Nomen
Nomen gibt es in der **Einzahl** und in der **Mehrzahl**.
In der Mehrzahl verändern sich viele Nomen:
ein Hund – viele Hunde, ein Bild – viele Bilder
Der bestimmte Artikel für die Mehrzahl ist immer **die**.

2 Schreibe die Mehrzahl.

das Kind – die Kinder
der Fisch – die Fische
die Ente – die Enten
die Oma – die Omas
das Bett – die Betten
der Stift – die Stifte
das Auto – die Autos

~~Fische~~ ~~Betten~~ ~~Autos~~ ~~Kinder~~ ~~Stifte~~ ~~Omas~~ ~~Enten~~

› Leistungen von Wortarten untersuchen
› Merkmale von Nomen kennen
› grundlegende sprachliche Begriffe kennen: Einzahl, Mehrzahl

Nomen

Nomen in Einzahl und Mehrzahl

3 Schreibe die Mehrzahl.

Einzahl (der, die, das)	Mehrzahl (die)	
der Riese	die Riesen	-n
das Foto	die Fotos	-s
das Schwein	die Schweine	-e
die Kiwi	die Kiwis	-s
die Torte	die Torten	-n
der Helm	die Helme	-e
das Ei	die Eier	-er
die Frau	die Frauen	-en

Einzahl (ein, eine)	Mehrzahl (viele)	
ein Dino	viele Dinos	-s
ein Zelt	viele Zelte	-e
ein Hemd	viele Hemden	-en
eine Birne	viele Birnen	-n
ein Wal	viele Wale	-e
ein Sofa	viele Sofas	-s
eine Schere	viele Scheren	-n
ein Bild	viele Bilder	-er

› Leistungen von Wortarten untersuchen
› Merkmale von Nomen kennen
› grundlegende sprachliche Begriffe kennen: Einzahl, Mehrzahl

Nomen

Namen für Menschen, Tiere, Pflanzen, Dinge

1 Verbinde.

der Junge – der Baum – der Tisch – der Hund

Menschen – Tiere – Pflanzen – Dinge

das Reh – das Gras – die Oma – das Mäppchen

ACHTUNG

Das haben wir herausgefunden!

Merkmale von Nomen
Nomen sind oft **Namen** für **Menschen**, **Tiere**, **Pflanzen** und **Dinge**: die Frau, Paul, der Hund, das Schaf, die Tasche

2 Male an.

Menschen	Tiere	Pflanzen	Dinge
die Tante	die Katze	die Tanne	der Stuhl
der Lehrerin	die Fliege	die Blume	der Stift
der Vater	die Spinne	der Baum	das Lineal
das Mädchen	das Pferd	das Gras	die Rutsche

› Leistungen von Wortarten untersuchen
› Merkmale von Nomen kennen
› grundlegende sprachliche Begriffe kennen: Nomen

Nomen

Namen für Menschen, Tiere, Pflanzen, Dinge

3 Verbinde.

die Lehrerin
das Mädchen
die Tante

die Ratte
das Nashorn
der Pinguin

Menschen – Tiere – Pflanzen – Dinge

die Eiche
das Gras
die Blüte

der Füller
das Heft
das Lineal

4 Ein Nomen in jedem Kasten passt nicht. Streiche durch.

Tiere	Dinge	Pflanzen	Menschen
Hamster	Buch	Rose	Kind
Frosch	Stein	~~Bild~~	Jana
~~Eimer~~	Kiste	Strauch	Leute
Vogel	~~Onkel~~	Moos	~~Sessel~~
Maus	Seil	Tulpe	Vater

› Leistungen von Wortarten untersuchen
› Merkmale von Nomen kennen
› grundlegende sprachliche Begriffe kennen: Nomen

Detektivwissen überprüfen

1 Male 8 Felder mit Nomen orange. Male die anderen Felder blau.

laufen – malen – Junge – Zelt – Mann – hören – treten – Tube – sagen – Reh – Ziege – Klee – Strauch – singen – rufen – springen

2 Schreibe den bestimmten und den unbestimmten Artikel auf.

das Bett – ein Bett   der Teppich – ein Teppich
die Decke – eine Decke   das Regal – ein Regal

3 Schreibe die Mehrzahl.

der / die / das	die
der Dino	die Dinos
die Frau	die Frauen
das Bild	die Bilder
ein / eine	**viele**
ein Zelt	viele Zelte
eine Birne	viele Birnen

› Nomen und Artikel kennen und verwenden
› Einzahl und Mehrzahl von Nomen bilden
› den eigenen Lernstand einschätzen

Spurensicherung: Der 3. Hinweis!

Als Elsa die Tür zur Speisekammer öffnet,
hören Paul und sie einen lauten Krach. Jemand schimpft: „Mist!"
Elsa und Paul stürmen in die Speisekammer und sehen Tristan.
Er steht vor einem Regal und starrt auf einige Töpfe,
die er umgeworfen hat. Tristan jammert:
„Oh, das war ein Versehen! Ich wollte nur den Reis rausholen.
Falls wir doch noch Risotto kochen."
Paul grinst. „Du bist echt ein Dickkopf!"
Da schaut Ben herein.
Er ist nicht sauer und hilft Tristan beim Aufräumen.
„Vergiss die Zwiebeln nicht", sagt Elsa zu Tristan.
Der streckt Elsa die Zunge heraus und haut ab in den Garten.
„Hinterher!", ruft Paul.

? Wo läuft Tristan hin?
Vergleiche sein Schuh-Profil mit den Spuren im hohen Gras.

[X] zu den Tannen   [ ] zu den Tomaten

3a

3b

Verben

Verben kennen

schreiben

Ich schreibe.

ACHTUNG

Das haben wir herausgefunden!

Verben sind Wörter, die sich der **Person** anpassen. Sie verändern sich, wenn man **ich** oder **er/sie/es** davorsetzt: spielen – ich spiele, er spielt

1 Verbinde.

springen	Ich springe.
schreiben	Ich lese.
lesen	Ich schreibe.
suchen	Ich suche.

2 Verbinde.

Das ist die Grundform: hören, zeigen, …

hören	Ich suche.	finden	Ich denke.
suchen	Ich sage.	geben	Ich finde.
sagen	Ich höre.	denken	Ich gebe.

› Verben kennen und verwenden
› grundlegende sprachliche Begriffe kennen: Verb, Grundform

Verben

Verben erkennen: Verbprobe

1 Lies die blauen Wörter.

Ich mache die Verbprobe: ich FERNROHRE, er FERNROHRT?!

Nein, das passt nicht!

Ich DREHE, er DREHT – das passt.

Ich habe ein Verb gefunden.

FERNROHR, DREHEN, STERN, MOND, FINDEN, SUCHEN, NACHT, SCHAUEN, STAUNEN

ACHTUNG

So gehen wir vor:

Wenn ich wissen will, ob ein Wort ein Verb ist, mache ich die **Verbprobe** und setze eine Person davor (**Personalform**). Wenn sich das Wort verändern lässt, ist es ein Verb: rennen – ich renne, er/sie/es rennt

2 Lies die Verbproben. Kreuze an, was passt. 5 Wörter sind Verben.

X	ich DREHE, er DREHT		ich STERNE, es STERNT
	ich MONDE, sie MONDET	X	ich FINDE, er FINDET
X	ich SUCHE, es SUCHT		ich NACHTE, sie NACHTET
X	ich SCHAUE, sie SCHAUT	X	ich STAUNE, es STAUNT

3 Schreibe die Verben.

drehen, suchen, schauen,
finden, staunen

› Verben kennen und verwenden
› grundlegende sprachliche Begriffe kennen: Verb, Grundform

Verben

Verben kennen: Personalformen

1 Verbinde.

wir lachen – ich lache – er/sie/es lacht

2 Welche Formen gehören zusammen? Male sie in der gleichen Farbe an.

Grundformen: turnen, hören, sägen, springen, schreiben, spielen

Personalformen: ich säge, wir schreiben, ich spiele, sie hört, es springt, sie turnt, er sägt, ich schreibe, sie spielt, wir hören, wir springen, wir turnen, wir sägen, er schreibt, wir spielen, ich höre, ich springe, ich turne

Die Personalformen haben verschiedene Endungen: ich säge, sie sägt, wir sägen

› Funktion von Verben kennen
› Verben verwenden
› grundlegende sprachliche Begriffe kennen: Grundform, Personalform

Verben

Verben kennen: Personalformen

3 Welche Personalform ist richtig? Streiche die falsche Form durch.

Elsa arbeitet ~~arbeiten~~ am Computer.
Uno ~~trinke~~ trinkt etwas Wasser.
Umut malt ~~malen~~ ein buntes Bild.
Paul ~~spitze~~ spitzt seinen Bleistift.
Wir ~~bastelt~~ basteln ein Geschenk für Oma.
Es regnet ~~regnen~~ heute.

Die Grundform ist wie die wir-Form.

Grundform – wir-Form

4 Schreibe die Personalformen.

fliegen	ich fliege, er fliegt, wir fliegen
liegen	ich liege, er liegt, wir liegen
bauen	ich baue, er baut, wir bauen
leben	ich lebe, er lebt, wir leben
bleiben	ich bleibe, er bleibt, wir bleiben
schieben	ich schiebe, er schiebt, wir schieben

5 Was verändert sich bei den Personalformen? Kreise rot ein.

› Funktion von Verben kennen
› Verben verwenden
› grundlegende sprachliche Begriffe kennen: Grundform, Personalform

Verben kennen: Personalformen

1 Verbinde.

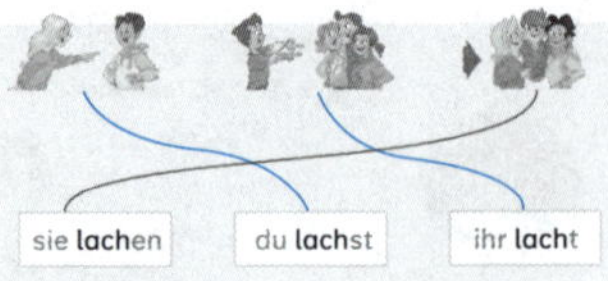

2 Welche Formen gehören zusammen? Male sie in der gleichen Farbe an.

Grundformen: turnen, hören, sägen, springen, schreiben, spielen

Personalformen: du spielst, ihr hört, ihr springt, sie turnen, du sägst, du schreibst, ihr spielt, sie hören, sie springen, ihr turnt, ihr sägt, sie schreiben, sie spielen, du hörst, du springst, du turnst, sie sägen, ihr schreibt

Verben kennen: Personalformen

3 Welche Personalform ist richtig? Streiche die falsche Form durch.

Umut und Paul spielen ~~spielt~~ mit Karten.

Ihr ~~schreibst~~ schreibt die Hausaufgaben ins Heft.

Du singst ~~singen~~ ein fröhliches Lied.

Die Kinder ~~bastelt~~ basteln Papierflieger.

Ihr malt ~~malst~~ ein buntes Bild.

Du trinkst ~~trinkt~~ Limonade.

4 Schreibe die Personalformen.

fliegen	du fliegst, ihr fliegt, sie fliegen
liegen	du liegst, ihr liegt, sie liegen
bauen	du baust, ihr baut, sie bauen
leben	du lebst, ihr lebt, sie leben
bleiben	du bleibst, ihr bleibt, sie bleiben
schieben	du schiebst, ihr schiebt, sie schieben

5 Was verändert sich bei den Personalformen? Kreise rot ein.

Verben verwenden

1 Schreibe die Personalformen.

	turnen	spülen
ich	turne	spüle
du	turnst	spülst
er/sie/es	turnt	spült
wir	turnen	spülen
ihr	turnt	spült
sie	turnen	spülen

turnt, turnen, turnen, spüle, spülst, spült

2 Was verändert sich bei den Personalformen? Kreise rot ein.

3 Welches Verb passt? Streiche das falsche Verb durch.

Die Detektive suchen ~~sucht~~ eine gesunde Erfrischung.

Paul ~~kennen~~ kennt ein Rezept für Obstspieße.

Diese Idee finden ~~findet~~ alle toll.

Umut ~~besorgen~~ besorgt die Holzspieße.

Lulu ~~holen~~ holt die Früchte.

Paul und Elsa waschen ~~wäscht~~ die Weintrauben.

„Sagt mal, ~~wollen~~ wollt ihr auch Äpfel?“, fragt Umut.

Die anderen Kinder nicken ~~nickt~~.

Verben verwenden

4 Markiere die Verben, die sagen, dass sich jemand bewegt.

gehen, hören, wünschen, schlendern, rasen, hüpfen, sausen, rennen, laufen, flitzen, springen, brauchen, sehen, trippeln

5 Wähle das passende Verb. Schreibe es in der Personalform.

Umut klingelt bei Elsa. Paul braucht Hilfe.

Sofort rasen (rasen / lachen) Umut, Elsa und Uno los.

Umut springen (sehen / springen) die Treppe hinunter.

Elsa rennen (rennen / schreiben) nicht so schnell wie Umut.

Auf dem Gehweg schlendern (schlendern / sprechen) viele Leute.

Über den Zebrastreifen dürfen Elsa und Umut nicht laufen (malen / laufen). Langsam überqueren sie die Straße. Dann sausen (sausen / schlafen) sie zum Spielplatz.

Paul steckt mit den Rädern im Sand fest.

Auf dem Rückweg trippelt (schwimmen / trippeln) Uno brav an Pauls Seite.

Detektivwissen überprüfen

1 Male alle Felder mit Verben gelb, alle anderen Felder blau an.

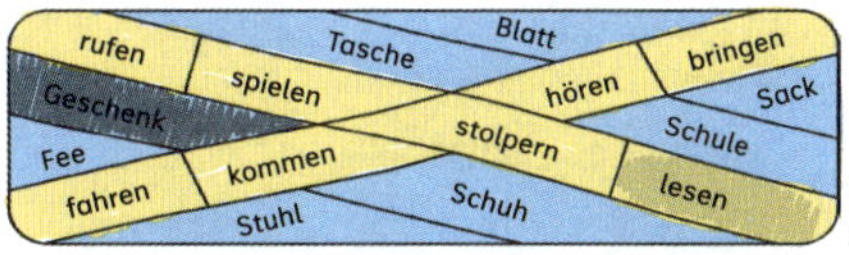

2 Verbinde.

3 Schreibe die Personalformen.

	reiten	sagen	hüpfen
ich	reite	sage	hüpfe
du	reitest	sagst	hüpfst
er/sie/es	reitet	sagt	hüpft
wir	reiten	sagen	hüpfen
ihr	reitet	sagt	hüpft
sie	reiten	sagen	hüpfen

› Verben kennen und Personalformen verwenden
› eigenen Lernstand einschätzen

Spurensicherung: Der 4. Hinweis!

Elsa ruft: „Wir sehen dich. Komm raus aus deinem Versteck!"
Tristan ist hinter der kleinen Tanne im Garten leicht zu entdecken.
Er taucht auf und verschränkt trotzig die Arme vor der Brust.
Paul fragt: „Hast du vielleicht mein Rezept geklaut,
während wir vorhin die Tomaten geerntet haben?"
„Nein! Ich war das nicht", wehrt sich Tristan.
Die Detektive zögern. Sagt Tristan die Wahrheit?
Sie fragen ihn, was er denn in der Küche gemacht hat,
als die anderen Kinder im Schulgarten waren.
„Ich war gar nicht in der Küche, und es geht euch nichts an,
womit ich gespielt habe!" Da will Tristan schon wieder abhauen.
Paul erwischt ihn noch rechtzeitig am Ärmel.
Er sieht Tristan von oben bis unten an, grinst und meint:
„Ach, so! Du musst nichts sagen. Ich weiß es auch so."

? Was hat Paul entdeckt?

- [x] Auto und Sand (4a)
- [ ] Handy und Steine (4b)

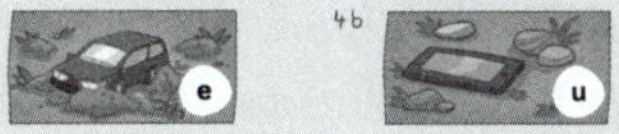

Adjektive
Adjektive kennen

1 Kreuze an, was alles passt.

- [x] gelb [ ] blau [ ] süß [x] sauer
- [x] saftig [ ] lila [ ] trocken [x] rot
- [ ] grau [x] bunt [x] rund [ ] eckig
- [x] grün [ ] weiß [x] weich [ ] kurz

2 Kreuze an, was passt.

- [ ] die rote Vase / [x] die blaue Vase
- [x] der heiße Ofen / [ ] der kalte Ofen
- [x] der eckige Tisch / [ ] der runde Tisch
- [ ] das leere Glas / [x] das volle Glas
- [x] das rote Auto / [ ] das graue Auto
- [x] der lange Schal / [ ] der kurze Schal

3 Markiere die Wörter, die die Dinge genauer beschreiben.

› Leistungen von Wortarten untersuchen

Adjektive
Adjektive kennen

Brille verloren
Sie hat Gläser. Sie hat ein Gestell.
Wenn ihr sie findet,
bringt sie bitte zurück.
Es gibt auch eine Belohnung!
Oma Schlüter

4 Verbinde.

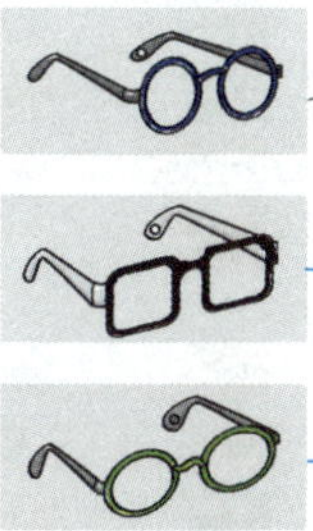

die gelben Bügel
die eckigen Gläser
ein weißer Punkt

die blauen Bügel
die runden Gläser
ein gelber Punkt

die grünen Bügel
die ovalen Gläser
ein roter Punkt

5 Markiere die Wörter, an denen du die Brillen erkennen kannst.

ACHTUNG

Das haben wir herausgefunden!
Schiebewörter beschreiben das Nomen genauer.
Man nennt sie **Adjektive**: groß – das große Haus

› Leistungen von Wortarten untersuchen
› grundlegende sprachliche Begriffe kennen: Adjektiv

Adjektive
Adjektive zwischen Artikel und Nomen

1 Lies und verbinde.

Das Kleid ist schön.	das schöne Kleid
Die Katze ist süß.	die süße Katze
Das Huhn ist weiß.	das weiße Huhn
Der Käse ist alt.	der alte Käse

2 Was verändert sich bei den Adjektiven? Kreise rot ein.

Du musst das Wort am Ende verändern, wenn du es als Schiebewort verwendest.

3 Schreibe die Adjektive.

schnell	das schnelle Boot
klein	die kleine Puppe
lang	der lange Zug
braun	das braune Pferd
grün	die grüne Wiese
lustig	der lustige Clown

› Leistungen von Wortarten untersuchen
› grundlegende sprachliche Begriffe kennen: Adjektiv

Adjektive
Adjektive zwischen Artikel und Nomen

4 Wähle passende Adjektive und schreibe sie.

Hier passen mehrere Adjektive.

heiß bissig gelb kalt leicht krumm schwarz klein lang blau scharf grün süß

Beispiellösung

das	kalte	Eis
der	gelbe	Bus
die	leichte	Feder
der	heiße	Ofen
das	bissige	Krokodil
die	krumme	Banane
der	schwarze	Vogel
die	scharfe	Schere

Denke an die Endungen der Adjektive.

5 Was verändert sich bei den Adjektiven? Kreise rot ein.

6 Schreibe zu jedem Nomen ein passendes Adjektiv.

Beispiellösung

das süße Bonbon — das kleine Kind

die lange Gurke — der liebe Hund

› Leistungen von Wortarten untersuchen
› grundlegende sprachliche Begriffe kennen: Adjektiv

Adjektive
Gegensätze von Adjektiven kennen

Murmel ist groß und hat lange Beine.

Uno ist klein und hat kurze Beine.

Das sind Adjektive, die Gegenteile beschreiben.

2 Welche Karten gehören zusammen? Male sie in der gleichen Farbe an.

ruhig	aufgeregt
tief	hoch
viel	wenig
lang	kurz
breit	schmal
neu	alt
krumm	gerade
teuer	billig
nass	trocken
hell	dunkel
schnell	langsam
laut	leise
weiß	schwarz
voll	leer
kalt	warm
sauber	dreckig

ACHTUNG

Das haben wir herausgefunden!

Viele **Adjektive** können **Gegensätze** beschreiben: klein – groß

› grundlegende sprachliche Begriffe kennen: Gegensatz
› Gegensatzpaare zuordnen

Adjektive
Gegensätze von Adjektiven kennen

2 Lies und schreibe den passenden Gegensatz.

satt, glatt, kalt, ~~spitz~~, dunkel, leer, alt

Die Nadel ist nicht stumpf, sondern spitz.
Der Hund ist nicht hungrig, sondern satt.
Die Flasche ist nicht voll, sie ist leer.
Am Tag ist es hell, in der Nacht ist es dunkel.
Ein Stein kann rau sein oder glatt.
Oma ist nicht jung, sondern recht alt.
Mein Essen ist nicht warm, es ist kalt.

3 Lies und markiere die Adjektive. Löse die Rätsel.

Tipp: In jedem Rätsel sind 6 Adjektive!

Es ist rund und nicht eckig.
Es ist leicht und nicht schwer.
Es ist bunt und nicht einfarbig.
Ich kann damit spielen.
Es ist ein Ball.

Es ist süß und nicht sauer.
Es ist eckig und nicht rund.
Es ist weiß und nicht schwarz.
Ich rühre es in meinen Tee.
Es ist Zucker.

Es ist sauer und nicht süß.
Es ist hart und nicht weich.
Es ist saftig und nicht trocken.
Ich lege eine Scheibe davon in mein Wasser.
Es ist eine Zitrone.

› Adjektive verwenden, um genau zu beschreiben
› grundlegende sprachliche Begriffe kennen: Gegensatz

Mit Adjektiven genau beschreiben

1 Welcher Ball wird beschrieben? Lies und schreibe.

Der Ball hat die Größe einer kleinen Melone.
Er hat farbige Punkte.
Er hat in der Mitte ein Band aus bunten Dreiecken.
Die Dreiecke sind rot und blau.
Seine Punkte sind gelb.

Es ist der Ball mit der Nummer 2.

2 Lies den Text. Setze die Adjektive passend ein.

Die Detektive haben zu einem Fest eingeladen.

Der große (groß) Garten von Elsas Familie ist dafür der richtige Ort.

Elsas Mutter hat lange (lang) Tische und Bänke aufgestellt.

Die Detektive haben bunte (bunt) Lampions zwischen den Bäumen aufgehängt.

Paul hat fruchtige (fruchtig) Säfte gemixt.

Lulu hat leckere (lecker) Obstspieße vorbereitet.

Es werden auch scharfe (scharf) Würstchen gegrillt.

Umut und Elsa haben gesunde (gesund) Salate zubereitet.

Das schöne (schön) Wetter macht allen gute Laune.

› mit Sprache experimentell und spielerisch umgehen
› Adjektive verwenden, um genau zu beschreiben
› Wissen über Wortarten anwenden

Mit Adjektiven genau beschreiben

3 Male das Bild bunt an.

individuelle Lösung

4 Welche Adjektive passen zu deinem Bild? Kreuze an und schreibe.

individuelle Lösung

☒ gelb	☐ rund	☐ lustig	☐ ______
☐ kurz	☐ neu	☐ eckig	☐ ______
☐ niedlich	☐ schön	☐ orange	☐ ______
☐ groß	☐ schnell	☐ gefährlich	☐ ______

5 Schreibe mit deinen Adjektiven Sätze zum Bild.

individuelle Lösung

Auf dem Bild ist ein ______ Löwe.

Auf der rechten Seite steht eine ______ Ritterburg.

Links liegt ______ .

Vorn steht noch ______ .

Weiter hinten liegt ______ .

Ich wünsche mir ______ .

› mit Sprache experimentell und spielerisch umgehen
› Adjektive verwenden, um genau zu beschreiben
› Wissen über Wortarten anwenden

Detektivwissen überprüfen

1 Markiere die Adjektive.

die **hungrige** Katze — der **traurige** Film — das **gefährliche** Tier
der **helle** Morgen — das **lustige** Buch — die **süße** Erdbeere

2 Verbinde die richtigen Gegensätze.

kurz – lang; dick – dünn; neu – alt; gesund – krank

3 Schreibe die Adjektive in der richtigen Form.

warm, grün, spannend, frech

der grüne Baum
das spannende Spiel
der freche Hund
die warme Sonne

4 Schreibe die Adjektive in den richtigen Formen.

gelb, spitz, lang, leer

Der [Eimer] ist leer. → der leere Eimer
Das [Seil] ist lang. → das lange Seil
Die [Farbe] ist gelb. → die gelbe Farbe
Der [Nagel] ist spitz. → der spitze Nagel

› Adjektive kennen und verwenden
› eigenen Lernstand einschätzen

Spurensicherung: Der 5. Hinweis!

Paul lacht: „Ja, es ist nicht zu übersehen. Du hast im Sandkasten mit Autos gespielt, als wir die Tomaten geerntet haben."
„Genau ... Kann ich jetzt endlich gehen?", fragt Tristan.
Elsa nickt: „Ja, klar. Tut uns leid, dass wir dich verdächtigt haben."
Tristan rennt zurück zum Schulhaus. Dabei segelt eine alte Brötchentüte aus seiner Hose. Elsa hebt sie auf und schüttelt den Kopf: „Ordentlich ist Tristan ja nicht gerade. Sein Papiermüll gehört ins Altpapier."
Plötzlich ruft Lulu aufgeregt: „Wir müssen schnell in die Küche!"
„Warum das denn?", fragt Umut. Lulu erklärt es den Freunden:
„In der Küche steht die Altpapierkiste. Vielleicht ist das Pizza-Rezept dort drin. Jemand könnte es aus Versehen weggeworfen haben."
„Du bist genial!", sagt Elsa.

Wohin mit dem Papier?

? TEAM LUPE saust los. Welcher Weg führt zur Küche? Spure nach.

☐ Weg A — ☒ Weg B

5a — 5b

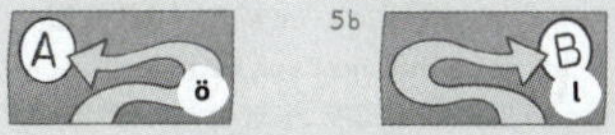

TEAM LUPE ERMITTELT – Sprache untersuchen 2 – LÖSUNGEN

Wortfamilien

Wortfamilien kennen

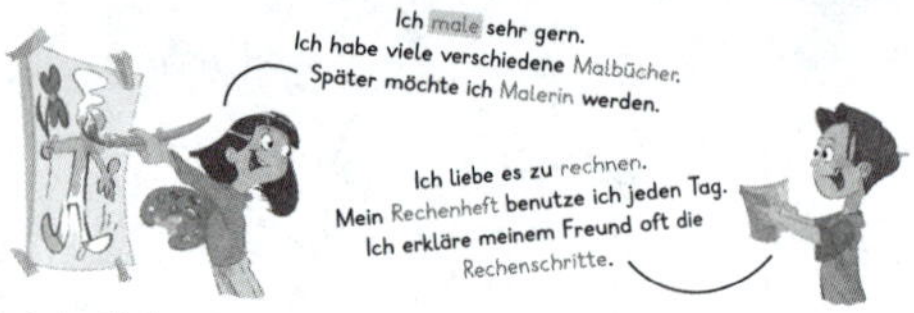

1 Jedes Kind sagt 3 ähnliche Wörter. Markiere sie.

2 Schreibe die Wörter aus dem Bild geordnet auf.

malen	rechnen
male	rechnen
Malbücher	Rechenheft
Malerin	Rechenschritte

ACHTUNG

das haben wir herausgefunden!

Verwandte Wörter haben einen Wortteil, der **gleich** ist. Das ist der **Wortstamm**. Diese Wörter gehören zu einer **Wortfamilie**.

Alle Wörter verbindet eine ähnliche Bedeutung:
die Freunde, befreundet, freundlich

Einen Wortstamm kann man durch **Wortbausteine** erweitern:
die Freundschaft, anfreunden, unfreundlich

3 Kreise oben in der Tabelle den Teil rot ein, der immer gleich bleibt.

› Wörter strukturieren
› mit Sprache experimentell und spielerisch umgehen
› sprachliche Begriffe kennen: Wortfamilie, Wortstamm

Wortfamilien

Wortfamilien kennen

3 Ein Wort in jeder Zeile gehört nicht in die Wortfamilie. Streiche es durch.

Turnschuh	turnen	~~Regenbogen~~	Turnerin	vorturnen
raten	beraten	Ratespiel	ratlos	~~Esel~~
schneiden	~~Zopf~~	Schneider	abschneiden	ausschneiden
schlafen	schlaflos	Schlafsack	~~Kind~~	einschlafen

4 Welche Wörter gehören zur Wortfamilie **lesen**? Kreise sie ein.
Tipp: Es sind 7 Wörter.

lesen, verrechnen, Rechenaufgabe, Lesebuch, Rechnung, leserlich, ausrechnen, lesbar, vorlesen, Leser, ausgerechnet, Leserin

5 Welche Wörter gehören zur Wortfamilie **malen**? Kreise sie ein.
Tipp: Es sind 7 Wörter.

ausmalen, halten, Malerei, aushalten, Halteverbot, Malblock, angemalt, behalten, Malerin, Haushalt, halt, malerisch, haltbar, abhalten, abmalen, Haltestelle

› Wörter strukturieren
› mit Sprache experimentell und spielerisch umgehen
› sprachliche Begriffe kennen: Wortfamilie, Wortstamm

Wortfamilien

Den Wortstamm erkennen

1 Markiere in den Wörtern den Teil, der bei allen gleich ist.

steinig, der Stein, die Steinplatte, steinhart, das Gestein

2 Welches ist der Wortstamm dieser Wortfamilie? Kreuze an.

- [ ] Hart/hart
- [x] Stein/stein

3 Im Text sind 9 Wörter aus der Wortfamilie **kochen**. Markiere den Wortstamm **Koch/koch**.

Umut kocht heute für die Detektive.
Er hat ins Kochbuch geschaut
und ein Rezept ausgesucht.
Dann hat er eine Kochmütze
aufgesetzt und angefangen zu kochen.
Als Elsa Umut sieht, ruft sie:
„Du siehst ja wie ein richtiger Koch aus!“
Umut rührt mit einem Kochlöffel im großen Kochtopf.
Er ist sich sicher, dass alle das neue Kochrezept mögen.
Paul sagt: „Umut, ab sofort bist du unser Chefkoch!“

› Wörter strukturieren
› mit Sprache experimentell und spielerisch umgehen
› sprachliche Begriffe kennen: Wortfamilie, Wortstamm

Wortfamilien

Den Wortstamm von Verben beachten

1 Markiere in den Verben den Wortstamm **sitz**.

ACHTUNG

das haben wir herausgefunden!

Verben verändern ihre Endungen in den **Personalformen**.
Der Wortstamm bleibt aber gleich:

ich schneide, du schneidest, er/sie/es schneidet,
wir schneiden, ihr schneidet, sie schneiden

2 Schreibe die Personalformen. Markiere den Wortstamm **hör**.

hörst, hören, hört, ~~höre~~, hören, hört

Ich höre Musik.
Du hörst Musik.
Er hört Musik.
Wir hören Musik.
Ihr hört Musik.
Sie hören Musik.

› Regelmäßigkeiten erkennen
› sprachliche Begriffe kennen: Personalform

Vorangestellte Wortbausteine verwenden

1 Welches Bild passt zu welchem Verb? Verbinde.

durchschneiden | abschneiden | ausschneiden

ACHTUNG

Das haben wir herausgefunden!

Vorangestellte Wortbausteine verändern die Bedeutung von Wörtern:
lesen: **vor**lesen, **mit**lesen, **nach**lesen, **ver**lesen

2 Markiere oben die vorangestellten Wortbausteine **durch-, ab-, aus-**.

Es gibt viele vorangestellte Wortbausteine: ab-, auf-, ein-, be-, aus-, er-, nach-, ver-, vor-, mit-, über-, …

3 Markiere in den Verben die vorangestellten Wortbausteine.

abfahren	verfahren	mitfahren	überfahren
einpacken	auspacken	verpacken	bepacken
erleben	einleben	überleben	vorleben
mitlaufen	nachlaufen	vorlaufen	ablaufen
mitspielen	nachspielen	abspielen	überspielen

Vorangestellte Wortbausteine verwenden

4 Lies die Sätze. Streiche den falschen Wortbaustein durch.

Elsa kann heute gar nicht ~~ab~~/einschlafen.
Sie muss immer über den nächsten Tag in der Schule nach/~~aus~~denken.
Sie will der Klasse ein Buch ~~be~~/vorstellen.
Elsa sollte ihr Lieblingsbuch ~~ein~~/auswählen.
Leise will sie sich ihren Text vor/~~mit~~sagen und schläft darüber ein.

5 Ein Wort in jedem Satz stimmt nicht. Streiche die falschen Verben durch. Schreibe die Verben richtig auf.

Probiere die Wortbausteine ver- und vor-.

Umut kommt zu spät zur Schule, weil er ~~**schlafen**~~ hat.
verschlafen

Die neue Lehrerin will sich in der Klasse ~~**stellen**~~.
vorstellen

Nach dem Streit wollen sich die Kinder ~~**tragen**~~.
vertragen

Elsa will ihre alten Spielsachen ~~**schenken**~~.
verschenken

Lulu hat das Gedicht geübt und will es jetzt ~~**tragen**~~.
vortragen

Wortfamilien bilden

1 Male die Felder mit dem Wortstamm Zahn/zahn rot aus.
Male die Felder mit dem Wortstamm Zahl/zahl blau aus.

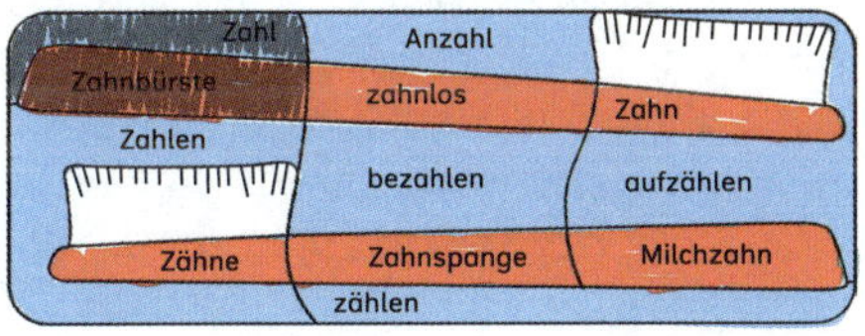

2 Schreibe die Wörter der Wortfamilie Zahn/zahn auf.

Zahnbürste, zahnlos, Zahn,
Zähne, Zahnspange, Milchzahn

3 Bilde eine Wortfamilie mit dem Wortstamm Schreib/schreib. Schreibe und markiere den Wortstamm.

Nomen schreibe ich groß.

ab- vor- be- -en -heft

abschreiben, vorschreiben,
beschreiben, Schreibheft

Wortfamilien bilden

4 Schreibe die Wörter und bilde Wortfamilien.

Wörter aus einer Wortfamilie haben einen Wortteil, der gleich ist.

Hör-	-buch	das Hörbuch
	-gerät	das Hörgerät
	-er	der Hörer
Spiel-	-zeug	das Spielzeug
	-platz	der Spielplatz
	-wiese	die Spielwiese
Reit-	-stiefel	die Reitstiefel
	-lehrer	der Reitlehrer
	-pferd	das Reitpferd
Freund-	-schaft	die Freundschaft
	-e	die Freunde
	-lichkeit	die Freundlichkeit

Detektivwissen überprüfen

1 Welche Wörter gehören zu einer Wortfamilie?
Male sie in derselben Farbe an.

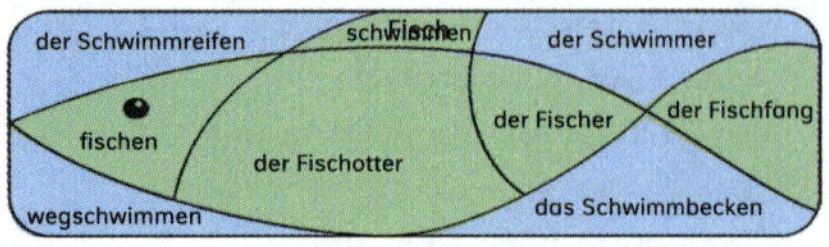

2 Welche Wortstämme haben die Wortfamilien?
Kreuze an.

Misch/misch	Fisch/fisch	Schwimm/schwimm	Bimm/bimm
☐	☒	☒	☐

3 Schreibe die Verbformen von **lachen**. Markiere den Wortstamm.

ich	lache	wir	lachen
du	lachst	ihr	lacht
er	lacht	sie	lachen

4 Schreibe passende vorangestellte Wortbausteine.

Umut will am Wochenende aus schlafen.

Lulu will sich Taschengeld ver dienen.

› Wortfamilien und Wortstämme identifizieren
› Personalformen gebrauchen
› eigenen Lernstand einschätzen

Spurensicherung: Der 6. Hinweis!

Zurück in der Küche fragt Lulu: „Dürfen wir die Altpapierkiste zur Tonne bringen?“ Frau Fuchs hat nichts dagegen und meint: „Aber beeilt euch, bitte. Das Essen ist fast fertig.“
Im Flur leert Paul die Kiste aus. Zu viert sehen sie alle Zettel und Papiere durch. Da schreit Umut auf: „Ich hab dein Rezept!“ Stolz gibt er es Paul. Der starrt auf den Zettel und sagt: „Der Fleck hier war vorher nicht da. Das weiß ich genau.“
Lulu betrachtet ihn mit der Lupe. Aufgeregt verkündet sie: „Das ist ein Fingerabdruck! Damit können wir den Täter finden.“
Elsa seufzt: „Aber wir können doch nicht von der ganzen Koch-AG die Fingerabdrücke nehmen.“
Paul überlegt und grinst: „Das müssen wir auch nicht. Zur Tatzeit waren nur Ben und Frau Fuchs in der Küche. Wir vergleichen den Abdruck mit den Fingerabdrücken der beiden.“

Zu wem gehört der?

? Hier siehst du ein Fingerabdruck-Set.
Doch eine Sache gehört nicht dazu. Welche? Kreise ein.

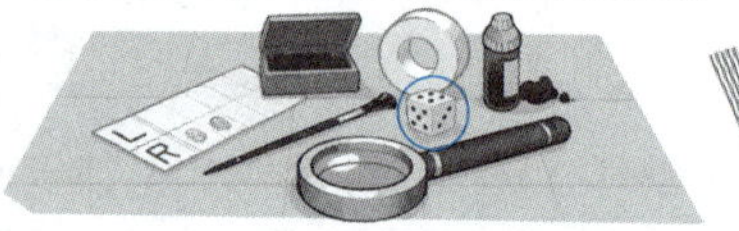

☒ Würfel (6a) – n

☐ Pinsel (6b) – a

Mein Stickerbogen

TEAM LUPE ERMITTELT

Illustrationen: Michael Stapper

Bearbeite so alle 6 Kapitel im Heft.
Am Ende hast du dann 6 Hinweis-Sticker in der Fallakte gesammelt.

3 Die Fallakte

Auf dieser Seite sammelst du die 6 richtigen Hinweis-Sticker.

Auf jedem Sticker findest du einen Buchstaben.
Die Buchstaben ergeben das Passwort.
Trage jeden Buchstaben in das passende Kästchen ein.

Hinweis 1 = Buchstabe 1 → 1

Außerdem kannst du in der Fallakte das Ende des Falls lesen.

FALL GELÖST!

Brauchst du dabei Hilfe?
Frage einen Erwachsenen.

4

Gehe im Internet auf diese Seite:

www.team-lupe-ermittelt.de/pizza

Gib nun das Passwort ein.

Hast du das richtige Passwort eingegeben?
Dann wartet eine kleine Überraschung auf dich.

Illustrationen: Michael Stapper

Verben erkennen: Verbprobe

1 Lies die blauen Wörter.

ACHTUNG ACHTUNG ACHTUNG

So gehen wir vor:

Wenn ich wissen will, ob ein Wort ein Verb ist, mache ich die **Verbprobe** und setze eine Person davor (**Personalform**). Wenn sich das Wort verändern lässt, ist es ein Verb:
rennen – ich renne, er/sie/es rennt

ACHTUNG ACHTUNG ACHTUNG

2 Lies die Verbproben. Kreuze an, was passt. 5 Wörter sind Verben.

- [x] ich DREHE, er DREHT
- [ ] ich MONDE, sie MONDET
- [ ] ich SUCHE, es SUCHT
- [ ] ich SCHAUE, sie SCHAUT
- [ ] ich STERNE, es STERNT
- [ ] ich FINDE, er FINDET
- [ ] ich NACHTE, sie NACHTET
- [ ] ich STAUNE, es STAUNT

3 Schreibe die Verben.

drehen,

› Verben kennen und verwenden
› grundlegende sprachliche Begriffe kennen: Verb, Grundform

Verben kennen: Personalformen

1 Verbinde.

wir lachen | ich lache | er/sie/es lacht

2 Welche Formen gehören zusammen?
Male sie in der gleichen Farbe an.

Grundformen

- turnen
- hören
- sägen
- springen
- schreiben
- spielen

Personalformen

- ich säge
- wir schreiben
- ich spiele
- sie hört
- es springt
- sie turnt
- er sägt
- ich schreibe
- sie spielt
- wir hören
- wir springen
- wir turnen
- wir sägen
- er schreibt
- wir spielen
- ich höre
- ich springe
- ich turne

Die Personalformen haben verschiedene Endungen:
ich säge, sie sägt, wir sägen

› Funktion von Verben kennen
› Verben verwenden
› grundlegende sprachliche Begriffe kennen: Grundform, Personalform

Verben kennen: Personalformen

3 Welche Personalform ist richtig?
Streiche die falsche Form durch.

Elsa | arbeitet | ~~arbeiten~~ | am Computer.

Uno | trinke | trinkt | etwas Wasser.

Umut | malt | malen | ein buntes Bild.

Paul | spitze | spitzt | seinen Bleistift.

Wir | bastelt | basteln | ein Geschenk für Oma.

Es | regnet | regnen | heute.

4 Schreibe die Personalformen.

fliegen	ich fliege, er fliegt, wir fliegen
liegen	ich , er , wir
bauen	ich , er , wir
leben	ich , er , wir
bleiben	ich , er , wir
schieben	ich , er , wir

5 Was verändert sich
bei den Personalformen? Kreise rot ein.

› Funktion von Verben kennen
› Verben verwenden
› grundlegende sprachliche Begriffe kennen: Grundform, Personalform

Verben kennen: Personalformen

1 Verbinde.

sie lachen | du lachst | ihr lacht

2 Welche Formen gehören zusammen?
Male sie in der gleichen Farbe an.

Grundformen

- turnen
- hören
- sägen
- springen
- schreiben
- spielen

Personalformen

du spielst	ihr hört
ihr springt	sie turnen
du sägst	du schreibst
ihr spielt	sie hören
sie springen	ihr turnt
ihr sägt	sie schreiben
sie spielen	du hörst
du springst	du turnst
sie sägen	ihr schreibt

› Funktion von Verben kennen
› Verben verwenden
› grundlegende sprachliche Begriffe kennen: Grundform, Personalform

Verben kennen: Personalformen

3 Welche Personalform ist richtig?
Streiche die falsche Form durch.

Umut und Paul | spielen | ~~spielt~~ | mit Karten.

Ihr | schreibst | schreibt | die Hausaufgaben ins Heft.

Du | singst | singen | ein fröhliches Lied.

Die Kinder | bastelt | basteln | Papierflieger.

Ihr | malt | malst | ein buntes Bild.

Du | trinkst | trinkt | Limonade.

4 Schreibe die Personalformen.

fliegen	du fliegst, ihr fliegt, sie fliegen
liegen	du , ihr , sie
bauen	du , ihr , sie
leben	du , ihr , sie
bleiben	du , ihr , sie
schieben	du , ihr , sie

5 Was verändert sich
bei den Personalformen? Kreise rot ein.

Verben verwenden

1 Schreibe die Personalformen.

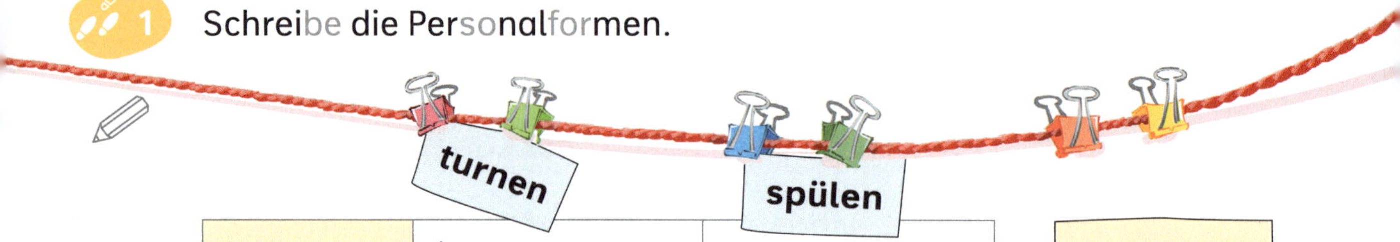

	turnen	spülen
ich	turne	
du	turnst	
er/sie/es		spült
wir		spülen
ihr	turnt	
sie		spülen

turnt
turnen
turnen

spüle
spülst
spült

2 Was verändert sich
bei den Personalformen? Kreise rot ein.

3 Welches Verb passt?
Streiche das falsche Verb durch.

Die Detektive suchen ~~sucht~~ eine gesunde Erfrischung.

Paul kennen kennt ein Rezept für Obstspieße.

Diese Idee finden findet alle toll.

Umut besorgen besorgt die Holzspieße.

Lulu holen holt die Früchte.

Paul und Elsa waschen wäscht die Weintrauben.

„Sagt mal, wollen wollt ihr auch Äpfel?“, fragt Umut.

Die anderen Kinder nicken nickt .

› Funktion von Verben kennen
› Verben in Personalformen verwenden

Verben verwenden

4 Markiere die Verben,
die sagen,
dass sich jemand bewegt.

gehen	hören	wünschen	schlendern		
rasen	hüpfen	sausen	rennen	laufen	flitzen
springen	brauchen	sehen	trippeln		

5 Wähle das passende Verb. Schreibe es in der Personalform.

Umut klingelt bei Elsa. Paul braucht Hilfe.

Sofort rasen Umut, Elsa und Uno los.
(rasen / lachen)

Umut ______ die Treppe hinunter.
(sehen / springen)

Elsa ______ nicht so schnell wie Umut.
(rennen / schreiben)

Auf dem Gehweg ______ viele Leute.
(schlendern / sprechen)

Über den Zebrastreifen dürfen Elsa und Umut

nicht ______ . Langsam überqueren sie
(malen / laufen)

die Straße. Dann ______ sie zum Spielplatz.
(sausen / schlafen)

Paul steckt mit den Rädern im Sand fest.

Auf dem Rückweg ______ Uno brav an Pauls Seite.
(schwimmen / trippeln)

Detektivwissen überprüfen

1 Male alle Felder mit Verben gelb, alle anderen Felder blau an.

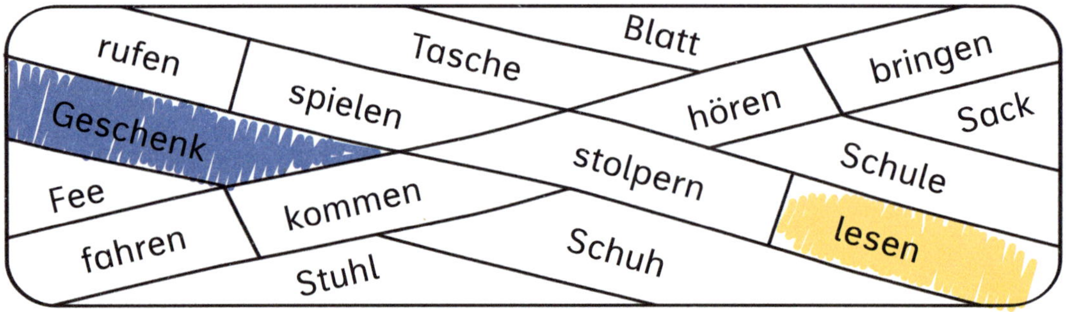

2 Verbinde.

ich du er/sie/es

wir ihr sie

3 Schreibe die Personalformen.

	reiten	sagen	hüpfen
ich	reite		
du	reitest		hüpfst
er/sie/es		sagt	
wir		sagen	
ihr	reitet		hüpft
sie		sagen	hüpfen

› Verben kennen und Personalformen verwenden
› eigenen Lernstand einschätzen

Spurensicherung: Der 4. Hinweis!

Elsa ruft: „Wir sehen dich. Komm raus aus deinem Versteck!“
Tristan ist hinter der kleinen Tanne im Garten leicht zu entdecken.
Er taucht auf und verschränkt trotzig die Arme vor der Brust.
Paul fragt: „Hast du vielleicht mein Rezept geklaut,
während wir vorhin die Tomaten geerntet haben?“
„Nein! Ich war das nicht“, wehrt sich Tristan.
Die Detektive zögern. Sagt Tristan die Wahrheit?
Sie fragen ihn, was er denn in der Küche gemacht hat,
als die anderen Kinder im Schulgarten waren.
„Ich war gar nicht in der Küche, und es geht euch nichts an,
womit ich gespielt habe!“ Da will Tristan schon wieder abhauen.
Paul erwischt ihn noch rechtzeitig am Ärmel.
Er sieht Tristan von oben bis unten an, grinst und meint:
„Ach, so! Du musst nichts sagen. Ich weiß es auch so.“

? Was hat Paul entdeckt?

☐ Auto und Sand

4a

☐ Handy und Steine

4b

Adjektive kennen

1 Kreuze an, was alles passt.

- [x] gelb
- [ ] blau
- [ ] süß
- [x] sauer

- [ ] saftig
- [ ] lila
- [ ] trocken
- [ ] rot

- [ ] grau
- [ ] bunt
- [ ] rund
- [ ] eckig

- [ ] grün
- [ ] weiß
- [ ] weich
- [ ] kurz

2 Kreuze an, was passt.

- [ ] die rote Vase
- [x] die blaue Vase

- [ ] der heiße Ofen
- [ ] der kalte Ofen

- [ ] der eckige Tisch
- [ ] der runde Tisch

- [ ] das leere Glas
- [ ] das volle Glas

- [ ] das rote Auto
- [ ] das graue Auto

- [ ] der lange Schal
- [ ] der kurze Schal

3 Markiere die Wörter,
die die Dinge genauer beschreiben.

Adjektive kennen

Brille verloren

Sie hat Gläser. Sie hat ein Gestell.
Wenn ihr sie findet,
bringt sie bitte zurück.
Es gibt auch eine Belohnung!

Oma Schlüter

4 Verbinde.

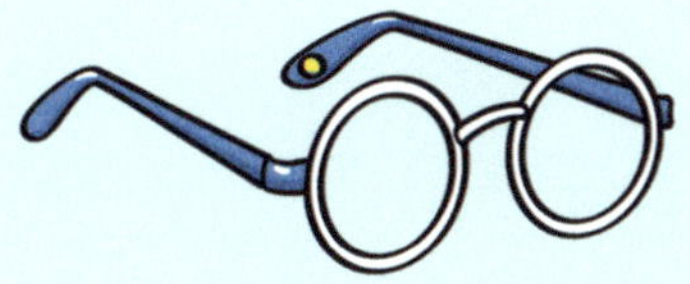

die gelben Bügel
die eckigen Gläser
ein weißer Punkt

die blauen Bügel
die runden Gläser
ein gelber Punkt

die grünen Bügel
die ovalen Gläser
ein roter Punkt

5 Markiere die Wörter,
an denen du die Brillen erkennen kannst.

ACHTUNG ACHTUNG ACHTUNG

Das haben wir herausgefunden!

Schiebewörter beschreiben das Nomen genauer.
Man nennt sie **Adjektive**: groß – das große Haus

Adjektive zwischen Artikel und Nomen

1 Lies und verbinde.

Das Kleid ist schön.	 das weiße Huhn
Die Katze ist süß.	 der alte Käse
Das Huhn ist weiß.	 das schöne Kleid
Der Käse ist alt.	 die süße Katze

2 Was verändert sich bei den Adjektiven? Kreise rot ein.

3 Schreibe die Adjektive.

schnell		das	schnelle	Boot
klein		die		Puppe
lang		der		Zug
braun		das		Pferd
grün		die		Wiese
lustig		der		Clown

› Leistungen von Wortarten untersuchen
› grundlegende sprachliche Begriffe kennen: Adjektiv

Adjektive zwischen Artikel und Nomen

4 Wähle passende Adjektive und schreibe sie.

heiß bissig gelb ~~kalt~~ leicht krumm
schwarz klein lang blau scharf grün süß

 das kalte Eis

 der ______ Bus

 die ______ Feder

 der ______ Ofen

 das ______ Krokodil

 die ______ Banane

 der ______ Vogel

 die ______ Schere

5 Was verändert sich
bei den Adjektiven? Kreise rot ein.

6 Schreibe zu jedem Nomen ein passendes Adjektiv.

 das ______ Bonbon

 das ______ Kind

 die ______ Gurke

 der ______ Hund

› Leistungen von Wortarten untersuchen
› grundlegende sprachliche Begriffe kennen: Adjektiv

Gegensätze von Adjektiven kennen

2 Welche Karten gehören zusammen?
Male sie in der gleichen Farbe an.

ruhig	hoch
tief	wenig
viel	aufgeregt
lang	kurz

breit	schmal
neu	gerade
krumm	billig
teuer	alt

nass	dunkel
hell	langsam
schnell	leise
laut	trocken

weiß	dreckig
voll	warm
kalt	schwarz
sauber	leer

ACHTUNG ACHTUNG ACHTUNG

Das haben wir herausgefunden!

Viele **Adjektive** können **Gegensätze** beschreiben: klein – groß

› grundlegende sprachliche Begriffe kennen: Gegensatz
› Gegensatzpaare zuordnen

Gegensätze von Adjektiven kennen

2 Lies und schreibe den passenden Gegensatz.

satt
glatt
kalt
~~spitz~~
dunkel
leer
alt

Die Nadel ist nicht stumpf, sondern spitz.

Der Hund ist nicht hungrig, sondern ______.

Die Flasche ist nicht voll, sie ist ______.

Am Tag ist es hell, in der Nacht ist es ______.

Ein Stein kann rau sein oder ______.

Oma ist nicht jung, sondern recht ______.

Mein Essen ist nicht warm, es ist ______.

3 Lies und markiere die Adjektive. Löse die Rätsel.

Es ist rund und nicht eckig.
Es ist leicht und nicht schwer.
Es ist bunt und nicht einfarbig.
Ich kann damit spielen.

Es ist ein B______.

Tipp: In jedem Rätsel sind 6 Adjektive!

Es ist süß und nicht sauer.
Es ist eckig und nicht rund.
Es ist weiß und nicht schwarz.
Ich rühre es in meinen Tee.

Es ist Z______.

Es ist sauer und nicht süß.
Es ist hart und nicht weich.
Es ist saftig und nicht trocken.
Ich lege eine Scheibe davon in mein Wasser.

Es ist eine Z______.

Mit Adjektiven genau beschreiben

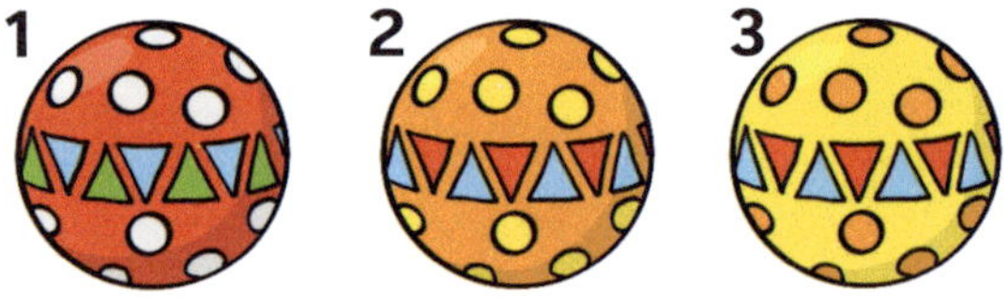

1 Welcher Ball wird beschrieben?
Lies und schreibe.

Der Ball hat die Größe einer kleinen Melone.
Er hat farbige Punkte.
Er hat in der Mitte ein Band aus bunten Dreiecken.
Die Dreiecke sind rot und blau.
Seine Punkte sind gelb.

Es ist der Ball mit der Nummer ____ .

2 Lies den Text.
Setze die Adjektive passend ein.

Die Detektive haben zu einem Fest eingeladen.

Der große (groß) Garten von Elsas Familie ist dafür der richtige Ort.

Elsas Mutter hat ______________ (lang) Tische und Bänke aufgestellt.

Die Detektive haben ______________ (bunt) Lampions zwischen den Bäumen aufgehängt.

Paul hat ______________ (fruchtig) Säfte gemixt.

Lulu hat ______________ (lecker) Obstspieße vorbereitet.

Es werden auch ______________ (scharf) Würstchen gegrillt.

Umut und Elsa haben ______________ (gesund) Salate zubereitet.

Das ______________ (schön) Wetter macht allen gute Laune.

- mit Sprache experimentell und spielerisch umgehen
- Adjektive verwenden, um genau zu beschreiben
- Wissen über Wortarten anwenden

Mit Adjektiven genau beschreiben

3 Male das Bild bunt an.

4 Welche Adjektive passen zu deinem Bild?
Kreuze an und schreibe.

☒ gelb	☐ rund	☐ lustig	☐ ______
☐ kurz	☐ neu	☐ eckig	☐ ______
☐ niedlich	☐ schön	☐ orange	☐ ______
☐ groß	☐ schnell	☐ gefährlich	☐ ______

5 Schreibe mit deinen Adjektiven Sätze zum Bild.

Auf dem Bild ist ein ______ Löwe.

Auf der rechten Seite steht eine ______ Ritterburg.

Links liegt ______ .

Vorn steht noch ______ .

Weiter hinten liegt ______ .

Ich wünsche mir ______ .

› mit Sprache experimentell und spielerisch umgehen
› Adjektive verwenden, um genau zu beschreiben
› Wissen über Wortarten anwenden

Detektivwissen überprüfen

1 Markiere die Adjektive.

die **hungrige** Katze der traurige Film das gefährliche Tier

der helle Morgen das lustige Buch die süße Erdbeere

2 Verbinde die richtigen Gegensätze.

kurz dick neu

alt gesund

lang krank dünn

3 Schreibe die Adjektive in der richtigen Form.

warm
grün
spannend
frech

der ______________ Baum

das ______________ Spiel

der ______________ Hund

die ______________ Sonne

4 Schreibe die Adjektive in den richtigen Formen.

gelb
spitz
lang
leer

Der  ist ______________ . → der ______________ Eimer

Das  ist ______________ . → das ______________ Seil

Die  ist ______________ . → die ______________ Farbe

Der  ist ______________ . → der ______________ Nagel

› Adjektive kennen und verwenden
› eigenen Lernstand einschätzen

Spurensicherung: Der 5. Hinweis!

Paul lacht: „Ja, es ist nicht zu übersehen. Du hast im Sandkasten mit Autos gespielt, als wir die Tomaten geerntet haben."
„Genau ... Kann ich jetzt endlich gehen?", fragt Tristan.
Elsa nickt: „Ja, klar. Tut uns leid, dass wir dich verdächtigt haben."
Tristan rennt zurück zum Schulhaus. Dabei segelt eine alte Brötchentüte aus seiner Hose. Elsa hebt sie auf und schüttelt den Kopf: „Ordentlich ist Tristan ja nicht gerade. Sein Papiermüll gehört ins Altpapier."
Plötzlich ruft Lulu aufgeregt: „Wir müssen schnell in die Küche!"
„Warum das denn?", fragt Umut. Lulu erklärt es den Freunden:
„In der Küche steht die Altpapierkiste. Vielleicht ist das Pizza-Rezept dort drin. Jemand könnte es aus Versehen weggeworfen haben."
„Du bist genial!", sagt Elsa.

Wohin mit dem Papier?

?

TEAM LUPE saust los. Welcher Weg führt zur Küche?
Spure nach.

☐ Weg A

☐ Weg B

5a

5b

Wortfamilien kennen

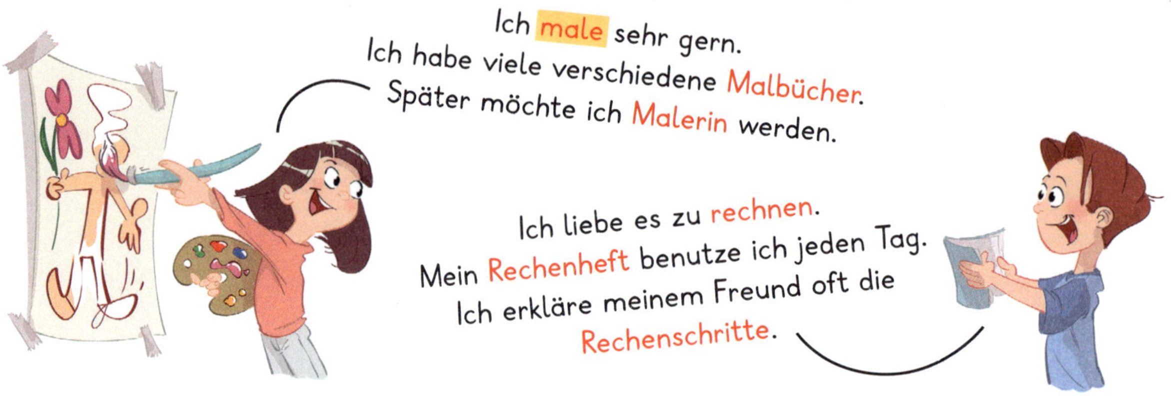

1 Jedes Kind sagt 3 ähnliche Wörter. Markiere sie.

2 Schreibe die Wörter aus dem Bild geordnet auf.

malen	rechnen
male	

ACHTUNG ACHTUNG ACHTUNG

Das haben wir herausgefunden!

Verwandte Wörter haben einen Wortteil, der **gleich** ist. Das ist der **Wortstamm**. Diese Wörter gehören zu einer **Wortfamilie**.

Alle Wörter verbindet eine ähnliche Bedeutung:
die Freunde, befreundet, freundlich

Einen Wortstamm kann man durch **Wortbausteine** erweitern:
die **Freundschaft, anfreunden, unfreundlich**

ACHTUNG ACHTUNG ACHTUNG

3 Kreise oben in der Tabelle den Teil rot ein, der immer gleich bleibt.

Wortfamilien kennen

3 Ein Wort in jeder Zeile gehört nicht in die Wortfamilie. Streiche es durch.

Turnschuh	turnen	~~Regenbogen~~	Turnerin	vorturnen
raten	beraten	Ratespiel	ratlos	Esel
schneiden	Zopf	Schneider	abschneiden	ausschneiden
schlafen	schlaflos	Schlafsack	Kind	einschlafen

4 Welche Wörter gehören zur Wortfamilie **les**en? Kreise sie ein.

Tipp: Es sind 7 Wörter.

lesen verrechnen Rechenaufgabe Lesebuch
Rechnung leserlich ausrechnen lesbar
vorlesen Leser ausgerechnet Leserin

5 Welche Wörter gehören zur Wortfamilie **mal**en? Kreise sie ein.

Tipp: Es sind 7 Wörter.

ausmalen halten Malerei aushalten
Halteverbot Malblock angemalt behalten
Malerin Haushalt halt malerisch haltbar
abhalten abmalen Haltestelle

› Wörter strukturieren
› mit Sprache experimentell und spielerisch umgehen
› sprachliche Begriffe kennen: Wortfamilie, Wortstamm

Den Wortstamm erkennen

1 Markiere in den Wörtern den Teil, der bei allen gleich ist.

steinig | der Stein | die Steinplatte | steinhart | das Gestein

2 Welches ist der Wortstamm dieser Wortfamilie? Kreuze an.

- ☐ Hart/hart
- ☐ Stein/stein

3 Im Text sind 9 Wörter aus der Wortfamilie **kochen**. Markiere den Wortstamm **Koch/koch**.

Umut kocht heute für die Detektive.
Er hat ins Kochbuch geschaut
und ein Rezept ausgesucht.
Dann hat er eine Kochmütze
aufgesetzt und angefangen zu kochen.
Als Elsa Umut sieht, ruft sie:
„Du siehst ja wie ein richtiger Koch aus!“
Umut rührt mit einem Kochlöffel im großen Kochtopf.
Er ist sich sicher, dass alle das neue Kochrezept mögen.
Paul sagt: „Umut, ab sofort bist du unser Chefkoch!“

› Wörter strukturieren
› mit Sprache experimentell und spielerisch umgehen
› sprachliche Begriffe kennen: Wortfamilie, Wortstamm

Den Wortstamm von Verben beachten

1 Markiere in den Verben den Wortstamm **sitz**.

ACHTUNG ACHTUNG ACHTUNG

Das haben wir herausgefunden!

Verben verändern ihre Endungen in den **Personalformen**. Der Wortstamm bleibt aber gleich:

ich schneide, du schneidest, er/sie/es schneidet, wir schneiden, ihr schneidet, sie schneiden

ACHTUNG ACHTUNG ACHTUNG

2 Schreibe die Personalformen. Markiere den Wortstamm **hör**.

hörst
hören
hört
~~höre~~
hören
hört

Ich höre Musik.
Du ______ Musik.
Er ______ Musik.
Wir ______ Musik.
Ihr ______ Musik.
Sie ______ Musik.

Vorangestellte Wortbausteine verwenden

1 Welches Bild passt zu welchem Verb? Verbinde.

durchschneiden | abschneiden | ausschneiden

ACHTUNG ACHTUNG ACHTUNG

Das haben wir herausgefunden!

Vorangestellte Wortbausteine
verändern die Bedeutung von Wörtern:
lesen: **vor**lesen, **mit**lesen, **nach**lesen, **ver**lesen

ACHTUNG ACHTUNG ACHTUNG

2 Markiere oben die vorangestellten Wortbausteine **durch-**, **ab-**, **aus-**.

Es gibt viele vorangestellte Wortbausteine:
ab-, auf-, ein-, be-, aus-, er-, nach-,
ver-, vor- mit-, über-, ...

3 Markiere in den Verben die vorangestellten Wortbausteine.

abfahren	verfahren	mitfahren	überfahren
einpacken	auspacken	verpacken	bepacken
erleben	einleben	überleben	vorleben
mitlaufen	nachlaufen	vorlaufen	ablaufen
mitspielen	nachspielen	abspielen	überspielen

› Möglichkeiten der Wortbildung kennen
› mit Sprache experimentell und spielerisch umgehen
› sprachliche Begriffe kennen: Wortbausteine

Vorangestellte Wortbausteine verwenden

4 Lies die Sätze.
Streiche den falschen Wortbaustein durch.

Elsa kann heute gar nicht ~~ab~~/einschlafen.

Sie muss immer über den nächsten Tag in der Schule nach/ausdenken.

Sie will der Klasse ein Buch be/vorstellen.

Elsa sollte ihr Lieblingsbuch ein/auswählen.

Leise will sie sich ihren Text vor/mitsagen und schläft darüber ein.

5 Ein Wort in jedem Satz stimmt nicht.
Streiche die falschen Verben durch.
Schreibe die Verben richtig auf.

Umut kommt zu spät zur Schule, weil er ~~**schlafen**~~ hat.

verschlafen

Die neue Lehrerin will sich in der Klasse **stellen**.

____

Nach dem Streit wollen sich die Kinder **tragen**.

____

Elsa will ihre alten Spielsachen **schenken**.

____

Lulu hat das Gedicht geübt und will es jetzt **tragen**.

____

› Möglichkeiten der Wortbildung kennen
› Bedeutungen untersuchen und reflektieren
› sprachliche Begriffe kennen: Wortbausteine

Wortfamilien bilden

1 Male die Felder mit dem Wortstamm Zahn/zahn rot aus.
Male die Felder mit dem Wortstamm Zahl/zahl blau aus.

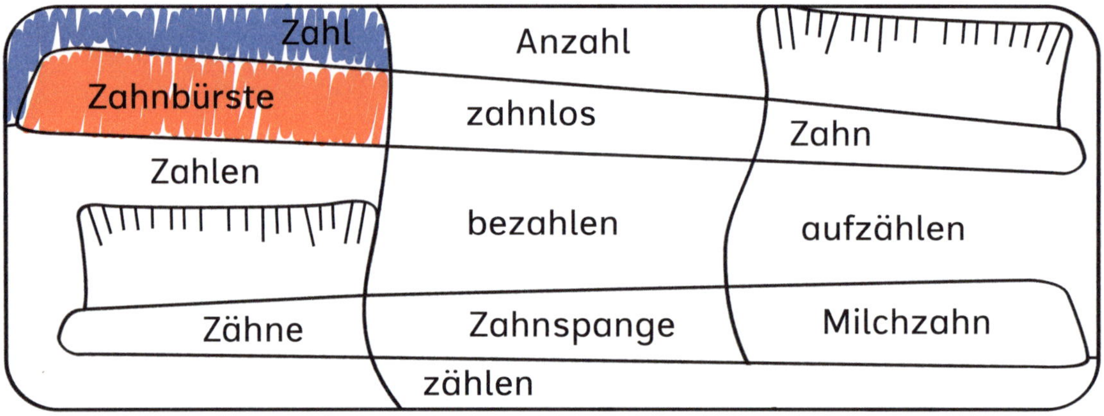

2 Schreibe die Wörter der Wortfamilie Zahn/zahn auf.

Zahnbürste,

3 Bilde eine Wortfamilie mit dem Wortstamm Schreib/schreib.
Schreibe und markiere den Wortstamm.

ab- vor- be- -en -heft

abschreiben,

› Möglichkeiten der Wortbildung kennen
› mit Sprache experimentell und spielerisch umgehen
› Wörter sammeln und ordnen

Wortfamilien bilden

4 Schreibe die Wörter und bilde Wortfamilien.

Hör-	-buch	das Hörbuch
	-gerät	das
	-er	der

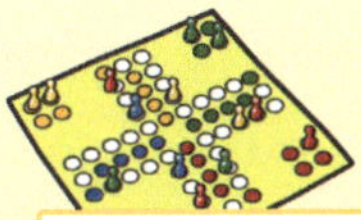

Spiel-	-zeug	das
	-platz	der
	-wiese	die

Reit-	-stiefel	die
	-lehrer	der
	-pferd	das

Freund-	-schaft	die
	-e	die
	-lichkeit	die

› Möglichkeiten der Wortbildung kennen
› mit Sprache experimentell und spielerisch umgehen
› Wörter sammeln und ordnen

Detektivwissen überprüfen

1 Welche Wörter gehören zu einer Wortfamilie?
Male sie in derselben Farbe an.

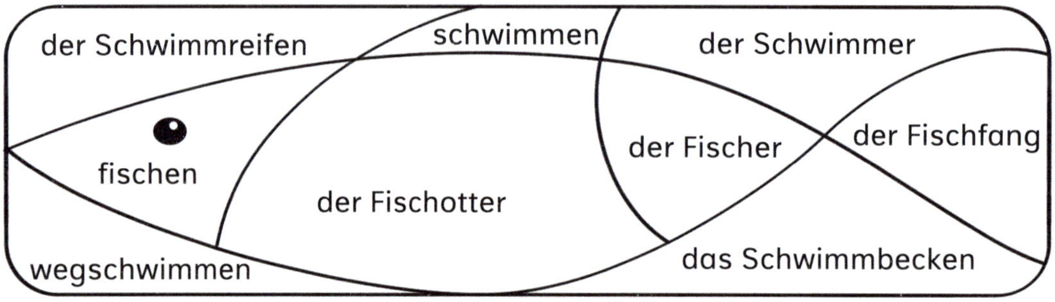

2 Welche Wortstämme haben die Wortfamilien?
Kreuze an.

Misch/misch	Fisch/fisch	Schwimm/schwimm	Bimm/bimm
☐	☐	☐	☐

3 Schreibe die Verbformen von **lachen**. Markiere den Wortstamm.

ich lache ____________

du ____________

er ____________

wir ____________

ihr ____________

sie ____________

4 Schreibe passende vorangestellte Wortbausteine.

Umut will am Wochenende ______ schlafen.

Lulu will sich Taschengeld ______ dienen.

› Wortfamilien und Wortstämme identifizieren
› Personalformen gebrauchen
› eigenen Lernstand einschätzen

Spurensicherung: Der 6. Hinweis!

Zurück in der Küche fragt Lulu: „Dürfen wir die Altpapierkiste zur Tonne bringen?“ Frau Fuchs hat nichts dagegen und meint: „Aber beeilt euch, bitte. Das Essen ist fast fertig.“
Im Flur leert Paul die Kiste aus. Zu viert sehen sie alle Zettel und Papiere durch. Da schreit Umut auf: „Ich hab dein Rezept!“ Stolz gibt er es Paul. Der starrt auf den Zettel und sagt: „Der Fleck hier war vorher nicht da. Das weiß ich genau.“
Lulu betrachtet ihn mit der Lupe. Aufgeregt verkündet sie: „Das ist ein Fingerabdruck! Damit können wir den Täter finden.“
Elsa seufzt: „Aber wir können doch nicht von der ganzen Koch-AG die Fingerabdrücke nehmen.“
Paul überlegt und grinst: „Das müssen wir auch nicht. Zur Tatzeit waren nur Ben und Frau Fuchs in der Küche. Wir vergleichen den Abdruck mit den Fingerabdrücken der beiden.“

Zu wem gehört der?

? Hier siehst du ein Fingerabdruck-Set.
Doch eine Sache gehört nicht dazu. Welche? Kreise ein.

☐ Würfel

6a

☐ Pinsel

6b

Die Fallakte: Das Pizza-Rätsel

In die weißen Felder kommen deine Hinweis-Sticker.

Hinweis 1

Hinweis 2

Hinweis 3

Hinweis 4

Hinweis 5

Hinweis 6

Jetzt fehlt dir nur noch ein PASSWORT.
Trage aus jedem Sticker den Buchstaben in das passende Kästchen ein.

Heute essen alle:

1	2	3	4	5	6

Glückwunsch!
Gemeinsam mit TEAM LUPE hast du den Fall gelöst.
Das Wort ist dein PASSWORT für:
www.team-lupe-ermittelt.de/pizza

Brauchst du dabei Hilfe?
Frage einen Erwachsenen.

ACHTUNG: DAS ENDE DES FALLS

ACHTUNG: DAS ENDE DES FALLS

In der Küche steht Ben mit einer Teetasse in der Hand.
„Die Tasse brauchen wir“, sagt Elsa. Ben lacht und fragt:
„Ist das ein Spiel?“ TEAM LUPE hat keine Zeit zu antworten.
Sie sichern den Abdruck auf der Tasse und vergleichen ihn mit dem Abdruck auf dem Rezept. Beide sehen genau gleich aus!
„Du bist der Täter! Du hast mein Rezept weggeworfen!“, sagt Paul.
Ben erschrickt: „Was? Oje! Da waren so viele Zettel auf dem Tisch.
Ich wollte nur aufräumen. Das tut mir schrecklich leid!“
Paul stöhnt: „Jetzt brauche ich dringend was zu essen!
Lasst uns schnell den Tisch decken!“

FALL GELÖST!

RECHTE UND IMPRESSUM

westermann GRUPPE

Druck A^2 / Jahr 2021
Alle Drucke der Serie A sind im Unterricht parallel verwendbar.

Redaktion: Christin Bußhoff
Krimigeschichte: Henriette Wich
Illustrationen: Michael Stapper, Matthias Berghahn, Cesare Asaro, Zapf
Umschlaggestaltung: Stephanie Schober, mit Illustrationen von Michael Stapper
Layout: PER Medien, Braunschweig
Druck und Bindung: Westermann Druck Zwickau GmbH

ISBN 978-3-14-**141457**-8